Aos pés do Mestre

Dados Internacionais de Catalogação na Publicação (CIP)
(Câmara Brasileira do Livro, SP, Brasil)

Mazzarolo, Isidoro
Aos pés do Mestre : Paulo como modelo do seguimento de Jesus / Isidoro Mazzarolo. – Petrópolis, RJ : Editora Vozes, 2021.

Bibliografia.

ISBN 978-65-5713-137-4

1. Bíblia. N.T. Paulo – Crítica e interpretação 2. Fé 3. Jesus Cristo – Pessoa e missão 4. Paulo, Apóstolo, Santo – Teologia 5. Salvação I. Título.

21-62436 CDD-270

Índices para catálogo sistemático:

1. Paulo : Apóstolo : Seguimento de Jesus : Cristianismo 270

Cibele Maria Dias – Bibliotecária – CRB-8/9427

ISIDORO MAZZAROLO

Aos pés do Mestre

Paulo como modelo do seguimento de Jesus

Petrópolis

Rua Frei Luís, 100
25689-900 Petrópolis, RJ
www.vozes.com.br
Brasil

Editoração: Maria da Conceição B. de Sousa
Diagramação: Sheilandre Desenv. Gráfico
Revisão gráfica: Alessandra Karl
Capa: Ygor Moretti
Ilustração de capa: The Tribute Money, 1782. John Singleton Copley.

ISBN 978-65-5713-137-4

Editado conforme o novo acordo ortográfico.

Este livro foi composto e impresso pela Editora Vozes Ltda.

Problemas de fé não se resolvem
com dinheiro!

Problemas econômicos não se resolvem
com bons conselhos!

Sumário

Apresentação, 9

Introdução, 13

O uso dos lexemas imitar, imitadores e coimitar no NT, 23

Filipos nos caminhos greco-romano-cristãos da Europa, 38

O gênero literário de Lucas e Atos dos Apóstolos, 42

O gênero literário da Carta aos Filipenses, 46

A Igreja de Filipos e o protagonismo das mulheres, 53

A Igreja de Filipos e as diferenças de classes, 58

As origens gregas da imitação, 61

Paulo e a coimitação, Fl 3,17, 68

As motivações da coimitação, 82

A pedagogia do exemplo, 86

Os caminhos da coimitação, 97

Conclusão, 115

Referências, 117

Obras do autor, 121

Apresentação

Olhar o passado, aprender com os seus protagonistas e impulsionar o presente com toda a força, com todo o empenho e com muita coragem, num propósito que envolve todo o conhecimento, entendimento e inspiração são metas deste trabalho. A intenção principal, porém, é mostrar que Paulo quer gente com ele na caminhada do evangelho, evidenciando que é possível seguir de perto as pegadas do Mestre. Assim o trabalho começou reconstruindo, parcialmente, a trajetória do Apóstolo e, depois, fazendo uma análise dos termos *imitar, imitação e coimitadores.*

A viagem no mundo de Paulo não é apenas um retorno no tempo, mas uma tentativa de recompor o imaginário da época. Temos aí uma criança nascida na Gishala (Palestina) e emigrada com os pais para Tarso, na província da Cilícia (Ásia Menor, hoje Turquia, na província da Capadócia). A mudança é radical, pois na Palestina ele crescia dentro de princípios judaicos bastante rígidos; pertencia ao partido ou movimento dos fariseus e, ao adentrar na cidade de Tarso, inicia outra etapa da vida. No universo helenístico, ele faz um segundo nascimento: do particular que era a cultura judaica para o universal que era o helenismo. Não sabemos com exatidão quando isso acontece, mas provavelmente aqui, na convivência com a cultura helenística e a dominação romana é que seu pai decide adquirir o *passaporte romano*. Esse *passaporte* significava um direito de liberdade de movimentação dentro de todo o império. Era um documento de identificação para os nascidos na Itália; para os italianos a serviço do império nas colônias; para os descendentes dos romanos, mesmo nas colônias fora da Itália; e para os estrangeiros que quisessem adquirir, mediante pagamento, com isso gozando dos direitos de romanos.

Esse passaporte era adquirido por muitos judeus e estrangeiros, pois era sempre uma segurança jurídica diante de situações de conflito local. Sabemos que, nas cidades-Estado, os magistrados do local podiam cometer arbitrariedades e fazer juízos sumários sem aplicar qualquer direito de defesa. Os portadores de cidadania romana podiam recorrer ao Direito Romano sempre que se sentissem prejudicados ou ameaçados pelos tribunais locais, onde não houvesse um pretor romano.

O cidadão romano estava sujeito às leis de Roma e não das províncias. Em qualquer situação de acusação, ele podia solicitar o julgamento por um tribunal romano e, em casos mais graves como pena de morte, podia recorrer ao imperador. Cícero dizia que *amarrar um cidadão romano é um crime; açoitá-lo é uma perversidade e condená-lo à morte é um parricídio* (matar o pai).

Paulo utilizou esse direito de cidadania em três momentos, conforme o relato de Lucas no Livro dos Atos dos Apóstolos: a) Em Filipos, quando os magistrados do local mandaram espancar e aprisionar Paulo e Silas sem saber que ambos eram portadores de cidadania romana. Paulo manda avisar os magistrados que ele e Silas eram cidadãos romanos e, portanto, denuncia a arbitrariedade dos mesmos e exigiu sua libertação imediata porque podiam sofrer sanções de Roma (At 16,19-40); b) Em Jerusalém, quando Paulo quis narrar a sua trajetória no judaísmo e, depois, no cristianismo diante dos judeus no Sinédrio. Diante da reação dos anciãos, ele é retirado das mãos dos judeus pelos soldados do tribuno romano e escoltado até a fortaleza da guarda romana (At 23,1-10); c) A terceira vez foi na Cesareia Marítima, na fortaleza romana, residência do governador romano e, depois de dois anos de inquérito, Paulo apelou para Roma pois queria ser julgado em Roma, por isso, foi enviado para ser submetido ao Direito Romano (At 27-28). Portando um passaporte romano, uma fé judaica, uma cultura helenística e uma *práxis* cristã, Paulo percorreu o mundo que lhe estava ao alcance, anunciando a encarnação, a cruz e a ressurreição de Jesus Cristo. Ele viveu de modo concreto a última bem-aventurança:

> [11]Bem-aventurados sois quando, por minha causa, vos injuriarem, vos perseguirem e, mentindo, disserem todo mal contra vós. [12]Regozijai-vos e exultai, porque é grande o vosso prêmio nos céus, pois assim perseguiram aos profetas que viveram antes de vós (Mt 5,11-12).

É indubitável, pelos muitos testemunhos que ele nos deixou em suas cartas, que essa bem-aventurança o acompanhou a vida toda depois do encontro com o Senhor no caminho para Damasco (At 9,1-9). E daquele momento em diante, começou a caminhada da cruz para aquele que até o momento tinha crucificado os discípulos do Senhor. No seu próprio testemunho e desabafo apologético, descreve, em parte, todas as peripécias na sua caminhada de anúncio do Cristo crucificado e ressuscitado. Ele afirma que sofreu muito da parte dos irmãos de estirpe, dos falsos apóstolos, dos inimigos e de muitas outras formas; foi açoitado, naufragou, foi ameaçado de morte e muitas outras experiências de quem tem a proposta de anunciar a paz, mas recebe como prêmio o ódio gratuito (2Cor 11,12-33).

A grande meta de Paulo, o homem das três culturas (a judaica, a greco-romana e a cristã) era alcançar o fim do mundo (para o Oriente, o fim do mundo era a Península Ibérica), anunciando a boa-nova de Jesus Cristo. Para ele evangelizar não significava ser honrado como aquele que batizou, que impôs as mãos ou outra forma de sinal especial de patrocínio, mas era provocar a conversão, por isso ele afirma que anunciar o evangelho não era uma questão de orgulho ou vaidade, mas de missão e de compromisso com o Senhor (1Cor 9,16).

A radicalidade no seguimento a Jesus era tal, que ele próprio afirma que o viver dele era o Cristo (Fl 1,20-23). Em outras palavras, ele sentia-se como que continuando (encarnando) o próprio Cristo crucificado. Essa afirmação não é uma questão de orgulho, mas um depoimento e testemunho com valor de testamento.

O trabalho de pesquisa sobre a coimitação de Cristo com o Apóstolo Paulo passa pelas etapas sucessivas da missão do Apóstolo e de sua experiência com a Transcendência, desde o encontro com o ressuscitado, até as outras visões e revelações (2Cor 12,1-10) e as experiências de fé, de conflitos, de perseguições ao longo de algumas décadas de missão.

A perspectiva deste trabalho é evidenciar a importância do seguimento a Jesus no estilo de Paulo, o qual, de perseguidor se torna arauto. O ponto de perspectiva é chegar a Jesus juntamente com Paulo, assumindo, arriscando, sofrendo, resistindo, naufragando e emergindo sem vacilar, mesmo que, em momentos críticos, seja necessário perguntar: *Senhor que queres de mim*?! E quando a voz do alto, do meio da luz fulgurante responder: *Eu quero que continues firme na missão sabendo que eu estou contigo*, logo, é preciso retomar o vigor e continuar de modo intrépido e inquebrantável.

Não raro, leitores mais ingênuos interpretam Paulo como uma figura orgulhosa, prepotente ou de forma pejorativa. No entanto, olhando de perto, percebe-se que ele não queria passar essa imagem. Para ele, evangelizar não era uma questão de orgulho, mas um imperativo decorrente da própria vocação (1Cor 9,16). E, depois que ele viu o Senhor (1Cor 9,1-2), entendeu que não podia vacilar, mesmo diante das duras críticas que recebia dos que eram apóstolos antes dele.

Introdução

No caminho da imitação, há sempre um exemplo ou um arquétipo considerado maior, melhor ou superior. Ninguém se propõe seguir alguém inferior ou pior exceto em casos de patologias. Os grandes mestres, líderes e protagonistas de transformações despontam como modelos e atraem simpatizantes. A história é, em grande parte, a busca e a descoberta das virtudes, qualidades e possibilidades de reconstrução hermenêutica desses arquétipos.

Toda arte e toda investigação, bem como toda ação e toda escolha visam a um bem qualquer, e por isso foi dito, não sem razão, que o bem é aquilo a que as coisas tendem[1]. Que todas as coisas tenham como objetivo o bem é justo e está de acordo com a ordem cósmica de todas as coisas. O(s) autor(s) do relato da criação concluem o seu discurso narrativo-poético afirmando que tudo o que Deus criou era bom (Gn 1,31). E, segundo Aristóteles, os pitagóricos, influenciados por Espeusipo, colocaram o *Um* na coluna dos bens[2].

No texto do Deuteronômio (6,4), a expressão do TM é אֶחָד (Um); a LXX traz a expressão εἷς e a NOV (Nova Vulgata – texto latino) utiliza o termo *unus*: "Ouve, ó Israel, IHWH nosso Deus, é o Deus (IHWH) o Um" (Dt 6,4).

---

1. ARISTÓTELES. *Ética a Nicômano*. Livro 1,1.

2. Ibid. Livro 1,6. Espeusipo era sobrinho de Platão e sucessor deste na Academia.

Jesus, segundo a narrativa marcana, respondendo a uma inquirição de um escriba, respondeu citando o texto de modo literal: ἄκουέ Ἰσραήλ, κύριος ὁ θεὸς ἡμῶν κύριος εἷς ἐστιν (Mc 12,29). Deus é o Um! Pode-se interpretar como o Único, mas a linguagem do Um é importante para o resgate das tradições da unicidade divina. Na tradição joanina, ao apresentar sua identidade diante das arguições dos judeus, Jesus disse: "Eu e o Pai somos Um" (Jo 10,30; 17,21).

O *Um*, que na tradição helenística está na coluna dos bens, pode ser considerado, na tradição bíblica, como o Bem Supremo, o Sumo Bem, o Único Deus. Ele não é apenas o único, mas o *Um*, a unicidade absoluta. No Evangelho de João, a manifestação do Um está no filho apresentado como o *Unigênito* porque foi gerado pelo Pai (Jo 1,18).

Jesus, como Lógos, apresenta o Pai como maior de todos (Jo 10,29) e dele tudo emana e para Ele tudo converge.

Investigar é, muitas vezes, enveredar para reencontrar e atualizar modelos de vida e de conduta considerados válidos e importantes, mesmo muitos séculos depois. Na exortação aos Filipenses, Paulo exorta para que os cristãos, seguindo o exemplo de Jesus Cristo, considerem os outros sempre superiores (Fl 2,3).

No discurso de despedida, Jesus sublinha que o Pai é maior do que Ele:

> Ouvistes que eu vos disse: Vou, e venho para vós. Se me amásseis, certamente exultaríeis porque eu disse: Vou para o Pai, pois meu Pai é maior do que eu (Jo 14,28).

Jesus ainda ensina que as relações entre os discípulos devem ser fraternas, solidárias e diaconais, porque um só é o Mestre e todos eles são irmãos (Mt 23,8). Os grandes mestres eram exemplos para os discípulos, assim também o Pai é exemplo para o

Filho (Jo 5,17) e Jesus é o exemplo para os discípulos (Jo 13,15). Na continuidade do olhar para o passado e ensinar o presente, Paulo olha para Jesus Cristo e insiste que os Filipenses sigam o seu exemplo (Fl 3,17). É no olhar para o passado, na observação perspicaz do presente e na circunspecção do todo da vida, que nasce a imitação.

Imitar é valorizar, querer bem, admirar. Alguns autores acreditam que é obedecer, isso pode ser verdade, enquanto que quem imita quer seguir as pegadas, os traços, a forma de conduta de quem está imitando. No entanto, podemos dizer que imitar é traduzir, interpretar de modo hermenêutico tudo o que o *símbolo* pode significar.

Alguém que vai ser imitado algum tempo depois causa encantamento, interesse, curiosidade e importância. Algumas vezes é a bravura, outras é o vigor atlético, outras é a busca da justiça profética, outras ainda pode ser a capacidade de transcender aos tempos e momentos provocando mudanças de pensamento, e assim por diante. A *imitação de Jesus Cristo* ainda não está terminada. Algumas lições de Jesus tiveram repercussão imediata, pois os exemplos por Ele mostrados eram dignos de repetição *aggiornada*. Depois que Jesus lavou os pés dos discípulos lhes perguntou: *compreendestes o que vos fiz*? E acrescentou:

> [13]Vós me chamais o Mestre e o Senhor e dizeis bem; porque eu o sou. [14]Ora, se eu, sendo o Senhor e o Mestre, *vos lavei os pés*, também vós deveis lavar os pés uns dos outros. [15]Dei-vos o exemplo, para que, *como eu vos fiz, façais vós também*. [16]Em verdade, em verdade vos digo que o servo não é maior do que seu senhor, nem o enviado, maior do que aquele que o enviou (Jo 13,12-16).

Um provérbio de origem antiga diz: *As palavras fascinam, mas os exemplos arrastam*. Persuasão de modo inequívoco é o exemplo, pois ele traduz a coerência entre a palavra e a ação.

A antropologia da imitação é o olhar do menor para o maior. É a criança olhando para a mãe ou para a avó como sublinha o autor da Segunda Carta a Timóteo: Nas próprias palavras de Jesus, essa relação é inquestionável: *Em verdade, em verdade vos digo que o servo não é maior do que seu senhor, nem o enviado maior do que aquele que o enviou* (Jo 13,16). Essa é a chave de leitura da imitação. Poderíamos anexar um paralelo de Lucas nessa mesma dinâmica de olhar para alguém maior e, na perspectiva do seguimento ou do encantamento do exemplo: Por que me chamais Senhor, Senhor, e não fazeis o que vos mando? (Lc 6,46). Se o discípulo não segue o mestre é porque ele quer ser mestre de si mesmo ou tem outro guia. A imitação tem esse aspecto antropológico do encantamento, do belo e do fascínio. Mas, algumas vezes, o arquétipo pode estar muito longe ou "perfeito" demais e, quando alguém é convidado a seguir esse exemplo, ele responde: Não dá, é muito difícil, não consigo, é impossível etc. É nesse horizonte que é fundamental a coimitação; isto é, alguém que já se encorajou a assumir essa imitação e estimula outros a estar com ele.

Na relação mestre-discípulo, este terá sempre diante de si o exemplo do mestre (Lc 6,40; Jo 13,16). Lucas usa a expressão ὑπέρ, cujo significado no contexto é "mais do que" (ou acima) e João emprega o λεξεμαμείζων (maior). Essa relação de maior--menor se torna um paradigma inquestionável na dimensão de todo o cristianismo primitivo[3]. Essa estatura do discipulado, no contexto do lava-pés (Jo 13,1-20), exigia do discípulo a capacidade, a disponibilidade e a coragem de repetir o gesto do Mestre: *lavar os pés dos humildes* como entendimento integral da lição à mesa[4]. A aliança estabelecida com o pão e o vinho

---

3. MAZZAROLO, I. *Lucas em João* – Uma nova leitura dos evangelhos, 2017, p. 84-85.

4. MAZZAROLO, I. *Nem aqui nem em Jerusalém* – O Evangelho de João, 2015, p. 230.

incorporava toda a vida, a prática, os ensinamentos de Jesus sob o paradigma da *Nova Aliança*, como parafraseia Paulo: *Seja em vós o que era em Cristo* (Fl 2,5).

É no contexto do chamado e do envio que surge a responsabilidade apostólica do seguimento do exemplo e dos ensinamentos do Mestre. Imitar não é apenas repetir, mas recontextualizar fatos a ações de alguém que causou encantamento e admiração. Jesus veio ensinar o caminho para o Pai do jeito que o Pai lhe ensinou; da mesma forma, o discípulo só será discípulo se fizer aquilo que o Mestre lhe ensinou. A imitação ou a reconstrução da personalidade é sempre uma missão muito importante e, quem se dispõe a imitar precisa conhecer o máximo possível sobre a identidade, o comportamento, os costumes e a filosofia de quem vai imitar. Não é fácil imitar alguém cujas qualidades, capacidades e valores transcendem ao nível médio das pessoas ou mesmo das *comuns*. Quando Jesus insistia na dimensão do cumprimento da vontade do Pai, Ele estava alertando para a pedagogia do exemplo e do seguimento: *Assim como o Pai me amou, eu também vos amei. Permanecei no meu amor* (Jo 15,10).

O seguimento é sempre uma grande responsabilidade de tradução ou vivência do exemplo do líder ou mestre. Os discípulos foram convocados não para fazer o que queriam, mas para aplicar na vida concreta os ensinamentos do Mestre (Mc 3,14). E, o discipulado só existe no cumprimento da vontade de quem enviou. Na convocação dos primeiros Doze, a determinação da missão era explícita e sem camuflagens. A incumbência dada a eles por Jesus era:

a) Estar com Ele;

b) Aprender dele;

c) Ser enviado [em nome dele];

d) Pregar e exercer autoridade;

e) Expulsar demônios (Mc 3,14-15).

Imitar é reviver, recriar ou reencarnar. O primeiro passo é *estar com Ele*. Não existe discipulado eletrônico, é preciso estar próximo, ouvir de modo direto e sentir as pulsações do coração do mestre. E para ter a autoridade sobre as forças do mal, que tinha como missão expulsar demônios e curar as enfermidades, era preciso ficar sempre e em todas as circunstâncias com Ele[5].

Anunciar a paz, a acolhida, curar os enfermos e confortar os desamparados era uma missão intrínseca ao discipulado. Era essencial essa intimidade com o Mestre para poderem ser coerentes com a responsabilidade de anunciar o evangelho. Mc 3,14 explicita que o chamado tem uma finalidade: *estar com Ele*, a fim de que Ele possa enviá-los. Ele não poderia enviá-los sem que eles soubessem o que fazer e como fazer. E no próprio ensinamento de Jesus, eles precisariam da força do Espírito Santo, para serem testemunhas da Boa-nova desde Jerusalém até os confins do mundo (Mt 28,18-20). A ação do Espírito Santo, prometida nos cinco discursos de João, torna-se realidade depois de Pentecostes (At 2,1-13)[6]. E aqui os discípulos estão imitando o Mestre colocando em prática os seus ensinamentos.

Em At 4,33 encontramos o relato dos apóstolos, os quais, com grande poder e audácia, começam dar testemunho da ressurreição. Eles começam a exercitar o poder e a autoridade concedidos por Jesus sobre as enfermidades, os espíritos maus e os fraudadores da verdade (Mc 3,15; 6,7; Mt 10,1; Lc 9,1). Pedro vai à casa de Cornélio (At 10,1-48) e o Espírito Santo começa a ser derramado sobre os pagãos.

Os apóstolos foram os primeiros a buscar a imitação de Jesus e, assim como tinham recebido o mandato de levar o evangelho a todas as nações, iniciaram a formação de discípulos,

---

5. *Evangelho de Marcos* – Estar ou não com Jesus 2016, p. 116-119.

6. Cf. MAZZAROLO, I. *Lucas em João* – Uma nova leitura dos evangelhos. Op. cit., p. 223-259.

repassando as mesmas instruções por eles recebidas. Paulo, na importante metrópole de Éfeso, trabalha dois anos na escola de Tiranos para formar discípulos (At 19,9-10) ou três anos, segundo outra fonte (At 20,31). Independentemente do tempo em que ficava nos locais, a primeira preocupação era formar líderes que se tornassem discípulos verdadeiros. A honra e o sucesso do evangelho era a honra do próprio Cristo. Para tanto, eles deveriam ter grandes conhecimentos do evangelho e também das falsas teorias, precisando constantemente combater os falsos doutores[7].

Há um vínculo muito estreito entre o caráter da Igreja e a qualidade dos seus líderes. Os líderes devem traduzir de modo exemplar a identidade da Igreja que seguem. No ensinamento do Mestre, está muito clara a responsabilidade da missão: *Todo o discípulo perfeito deverá ser como o seu mestre* (Lc 6,40b). Esse caminho da perfeição é uma opção livre: só assume e se compromete com ela quem quer, no entanto, uma vez estabelecido o pacto do seguimento, não pode haver retorno ou abandono: *Quem põe a mão no arado e olha para trás não é apto para o Reino de Deus* (Lc 9,62).

Um discipulado sério e verdadeiro só se faz com testemunhos radicais. Paulo pode ser considerado o *mestre da radicalidade*, enquanto não admitia camuflagens, distorções ou ambiguidades no testemunho (Gl 1,6-9; 2,11-14; 3,1-3). Nessa trilha, Paulo insistia para que os cristãos de Corinto se tornassem imitadores dele (1Cor 4,16; 11,1). A formação de novos discípulos tinha a mesma mística do discipulado de Jesus: *Eis que eu vos envio como cordeiros entre lobos* (Lc 10,3). A sabedoria, a prudência e a preparação exigiam dos primeiros discípulos e de todos os seguidores a mesma disciplina:

---

7. MacARTHUR, J.F.Jr. *First Corinthians*, p. 132.

> [6] Ἰδοὺ ἐγὼ ἀποστέλλω ὑμᾶς ὡς πρόβατα ἐν μέσῳ λύκων γίνεσθε οὖν φρόνιμοι ὡς οἱ ὄφεις καὶ ἀκέραιοι ὡς αἱ περιστεραί // Eis que eu vos envio como ovelhas em meio a lobos. Tornai-vos astutos (sábios) como as serpentes e sem malícia como as pombas (Mt 10,16).

Ser como ovelhas no meio de lobos não significava ser estúpidos ou idiotas em ambientes corrompidos, pérfidos e maus. A proposta do evangelho não é o jogo da violência e da malícia, mas a proposta da justiça e da verdade. Nessa tensão dialética entre o anúncio da paz em qualquer casa e a ingenuidade, há uma distinção muito imperativa: a sabedoria de distinção e conhecimento do ambiente onde o evangelizador está. Não lhe cabe fazer o jogo com as mesmas armas dos opositores, mas se a proposta da paz e da justiça não é acolhida, deve bater o pó do calçado e partir para outro ambiente. Bater o pó do calçado significa não levar adiante mágoas, rancores ou tristezas por não ter sido acolhido; é saber separar os fatos, deixar de lado o insucesso e partir para outro lugar com entusiasmo, coragem e alegria. Deixar o pó no lugar do "fracasso" é não carregar para outro lugar as coisas ruins a fim de que não se descarreguem sobre os outros as coisas que não pertencem ao ambiente deles. A qualificação espiritual é fundamental para a sustentação da missão e o cumprimento das exigências do seguimento. Por isso, sem muita oração e espiritualidade, não há como expulsar demônios e fazer curas:

> [28]Καὶ εἰσελθόν τος αὐτοῦ εἰς οἶκον οἱ μαθηταὶ αὐτοῦ κατ' ἰδίαν ἐπηρώτων αὐτόν·ὅτι ἡμεῖς οὐκ ἠδυνήθη μεν ἐκβαλεῖν αὐτό [29]καὶ εἶπεν αὐτοῖς·τοῦτο τὸ γένος ἐν οὐδενὶ δύναται ἐξελθεῖν εἰ μὴ ἐν προσευχῇ. // [28]Entrando na casa dele com os discípulos dele, a sós, perguntaram-lhe: porque nós não conseguimos expulsá-lo [o demônio]. [29]Ele lhes disse: *Essa espécie não pode ser expulsa sem muita oração* (Mc 9,28-29).

A imitação (seguimento) não pode ser parcial: ela é ou não é. Sempre que o discípulo não consegue interpretar de forma correta a figura do mestre, a tentativa se transforma em fracasso ou escândalo. Antes de especificar as qualidades individuais diante das quais todos os discípulos eram desafiados a possuir, Paulo pede que tenham uma capacidade de liderança espiritual (1Cor 4,1-5; Rm 12,1-2; 2Tm 1,3-5). Esse tipo de chamado é um chamado exigente e um chamado que evoca a responsabilidade.

Na dinâmica da vocação cristã, estão as diferentes especificidades (1Cor 12,4-17). Seguir Jesus ou seguir Paulo? Paulo é exemplo final ou intermediário? Ao solicitar que os cristãos sejam imitadores dele, está se colocando como modelo de cristão? A quem Paulo quer chegar na sua *imitatio Christi*? (3,17). É diante de uma profusão enorme de interpretações que nos pareceu bem elucidar alguns aspectos importantes da exegese e da teologia bíblica.

Paulo não se coloca como alguém a ser imitado, nesse caso, mas provoca os cristãos de Corinto a ir com ele e aprender com ele o jeito de imitação a Cristo (1Cor 11,1). Da forma como Jesus afirmava aos seus discípulos: *Ninguém vai ao Pai se não por mim* (Jo 14,6), e Paulo convoca os cristãos a irem a Jesus Cristo *com ele* (coimitando), na mesma vereda, no mesmo perfil.

O uso dos lexemas imitar, imitadores e coimitar no NT

A imitação é o efeito da arte do encantamento e do fascínio produzido por grandes personalidades. Algumas vezes ela pode até ser negativa quando líderes perversos produzem discípulos. Contudo, no aspecto bíblico e, especialmente, no âmbito cristão, o arrebatamento é produzido pelo Filho de Deus, Jesus, o Homem de Nazaré.

A linguagem da imitação no NT é tipicamente paulina, exceto as duas incidências em Hb 6,12; 13,7 e uma na 3Jo 11. O uso de μιμηταίμου ou μιμηταὶήμῶν ocorre em 1Cor 4,16; 11,1; Fl 3,17; 1Ts 1,6; 2,14; 2Ts 3,7-9; Ef 5,1.

Vamos fazer um breve estudo dos textos indicados acima para visualizar melhor as incidências do verbo imitar no NT antes de passarmos ao estudo mais específico de Fl 3,17. Iniciamos pelo primeiro texto da Primeira Carta aos Coríntios:

> Παρακαλῶ οὖν ὑμᾶς, μιμηταί μου γίνεσθε. // *Exorto-vos, pois, irmãos, tornai-vos imitadores meus* (1Cor 4,16).

Imitar Paulo em quê? Qual é a provocação de Paulo aos cristãos de Corinto? Estaria ele atraindo fiéis para si? Na parênese aos Gálatas (Gl 1,6-10), ele afirma que há um só evangelho e um só Cristo. Logo, a imitação verdadeira aponta para Cristo; mas, como Cristo poderia estar um pouco “longe”, era possível ver em Paulo um caminho a ser imitado.

No caso específico de 1Cor 4,16, não se constitui em desejo de orgulho, ao contrário, é uma demonstração de reconhecimento recíproco dos valores e das virtudes exigidas dos seguidores de Jesus. Paulo utiliza uma parênese severa em virtude das divisões da comunidade de Corinto, muitas delas protagonizadas pelos próprios evangelizadores (1,10-16)[8]. Se, por um lado, havia pregadores que eram honestos e bons pedagogos; por outro, havia quem abusasse do orgulho e da vaidade (1Cor 3,8-19).

Quando Apolo chega em Corinto, depois da passagem de Paulo, tenta persuadir os convertidos ao evangelho de Jesus Cristo a seguirem o seu testemunho de penitência e conversão, segundo a pregação de João Batista, como ele havia feito com muito vigor e convicção em Éfeso (At 18,24-28). Apolo era um judeu da Alexandria do Egito, um homem de grandes conhecimentos das Escrituras (At 18,24), pois vinha da grande metrópole do helenismo e nela havia um grande contingente de judeus. Apolo conhecia a austeridade e o exemplo de João Batista, mas não tinha chegado ao conhecimento de Jesus e de sua missão.

Apolo tinha estado em Éfeso, antes de Paulo, anunciando um batismo de conversão e arrependimento, conforme era a pregação de João Batista (Lc 3,1-18). Ao chegar em Corinto, enquanto Paulo fazia sua visita aos cristãos de Jerusalém, Apolo continuou a fazer discípulos, anunciando a penitência e a conversão no seu estilo do precursor de Jesus. Essa prática gerou um grande conflito, pois tanto o evangelho de Jesus Cristo quanto à pregação de João Batista significavam uma volta ao passado, ou seja, do batismo do Espírito Santo ao batismo de água (Mc 1,8). Em parte ao menos, essa pregação foi originando uma divisão entre os evangelizados por Paulo e os seguidores do novo missionário, além dos simpatizantes de Cefas. Essa ruptura fez Paulo conhecer pela primeira vez uma oposição

---

8. BARBAGLIO, G. *As cartas de Paulo I*, 1990, p. 212.

aberta e, muitos dos evangelizados defendiam ideias diferentes das recebidas do Apóstolo (1Cor 9,3)[9].

Os gregos estavam habituados a seguir seus mestres, os fundadores de escolas e correntes filosóficas como Sócrates, Platão, Aristóteles e outros. Paulo, quando esteve em Éfeso para estruturar suas pregações, utilizou o mesmo esquema dos grandes mestres; alugou a escola de Tiranos (At 19,9) e formou seus discípulos. Talvez seja por isso que ele se demorou tanto tempo em Éfeso (dois anos, At 19,10; três anos, At 20,31). No entanto, durante a sua estada nessa metrópole do helenismo, ele é informado que Apolo estava pregando e fazendo discípulos em Corinto, gerando uma cisão na comunidade jovem evangelizada por ele e seus companheiros (1Cor 1,10-16). Também Cefas chegou na região e fazia discípulos.

Esse conflito entre líderes ou missionários exigiu providências urgentes e Paulo apelou para o Mestre de todos eles, pois não foram eles crucificados, mas só o Cristo (1Cor 1,19-2,9). Paulo e Apolo chegam a um acordo logo mais tarde (1Cor 4,6). Ambos reconhecem que não são mestres, mas discípulos e, ao assumirem o papel humilde de servos, dão-se as mãos e se comprometem a trabalhar juntos no mesmo caminho, anunciando o mesmo Cristo. É aqui que Paulo se coloca como exemplo de superação, de humildade e de conciliação (1Cor 4,6). Para testemunhar esse progresso na fé e no testemunho, ele desejava enviar de volta Apolo para Corinto, pois lá as comunidades continuavam divididas. Nesse contexto, quando ele se coloca como exemplo de imitação (1Cor 4,6), não está abusando da simplicidade ou envaidecendo-se, mas apenas mostrando que uma boa dose de humildade e renúncia do próprio *ego* permite a reconciliação e o entendimento.

---

9. SACCHI, A. et al. *Lettere paoline e altre lettere*, 1995, p. 115.

A antropologia do exemplo, expressa em 1Cor 4, se fortalece na consciência da diaconia, e não na vaidade e rivalidade. Paulo e Apolo se reconciliam para serem exemplo aos Coríntios de que o único Mestre é Cristo e todos os outros são servidores e não senhores (1Cor 4,1). No final da primeira carta (1Cor 16,12), ele testemunha essa reconciliação e afirma que insistiu para que Apolo fosse novamente a Corinto, mas ele preferiu não ir. A intenção de Paulo era mostrar aos Coríntios a força da reconciliação entre os dois líderes e um exemplo para os demais.

Essa declaração é uma verdade óbvia e evidente que não precisa de provas, porque a frase aparece apenas no final da carta, indicando que os conflitos iniciais haviam sido superados (1Cor 1,10-16). Essa relação de superação de conflitos, em nome do evangelho, demonstra a nobreza dos protagonistas do discipulado. Essa forma de testemunho seria uma espécie de dogma para o cristianismo primitivo.

O exemplo é uma espécie de espelho que alguém coloca à sua frente, ou que outros propõem diante do qual quem segue tenta assumir suas características, qualidades e atualização histórica[10]. Como diz Aristóteles, o louvor tende à virtude, pois é graças à virtude que os homens tendem a praticar ações nobres. E, no caminho da virtude, está a felicidade que é uma atividade da alma[11].

A proposta cristã da cidadania verdadeira está nos céus e, para essa pátria da felicidade plena, o ser humano tende caminhar (Fl 3,20). Para tanto, os exemplos anteriores são fundamentais. Nesse caminho da imitação existem quatro passos:

a) Fazer aquilo que o outro faz;

---

10. Cf. SPINELLI, M. *Helenização e recriação de sentidos* – A filosofia na época da expansão do cristianismo: séculos II, III e IV, 2015.

11. ARISTÓTELES. *Ética a Nicômano*. Op. cit. Livro 1,13.

b) Fazer, sempre que possível, do mesmo modo;

c) Fazer com a mesma afeição e integridade de propósito;

d) Ter um desejo profundo de ser como Ele.

Nesse contexto, a imitação não é feita por preceitos, regras ou imposições externas, mas por exemplos concretos de assimilação radical do modelo proposto. Podemos dizer que seria um espelho claro do arquétipo principal: *Quem me vê, vê o Pai* (Jo 14,9). O cristão tem como meta traduzir em atos e palavras o próprio Cristo. Paulo, talvez, numa necessidade imperiosa de refutar os falsos irmãos, precisou fazer essa autodefesa: *Já não sou eu que vivo, mas Cristo que vive em mim* (Gl 2,20). Mas não é só em situações-limite, em contextos apologéticos que esse testemunho pode ser feito, ele também pode ser um momento querigmático, alegre e encorajador para quem vive em situações de tensão e temor: *Alegrai-vos sempre no Senhor! Repito: alegrai-vos!* (Fl 4,4).

Paulo não faz apologias em torno do testemunho e critica Pedro por não ser tão fiel ao evangelho e às práticas de Jesus no relacionamento com judeus e pagãos (Gl 2,11-14). Também nesse viés Paulo demonstra conhecer a exortação de Jesus sobre o perigo do mau exemplo ou do escândalo (Mt 18,6-7).

É dentro desse quadro paradigmático que Paulo faz um pedido vinculado: os Coríntios imitariam Paulo como ele estava imitando Cristo. O primeiro passo é decisivo, ou seja, ser como Ele, mas este não era o definitivo, pois o ponto de chegada era o próprio Cristo.

Em outra ocasião, Paulo repete o convite, colocando-se como *modelo de imitação de Cristo*:

> μιμηταί μου γίνεσθε καθὼς κἀγὼ Χριστοῦ. // Tornai--vos meus imitadores, como eu (sou) de Cristo (1Cor 11,1-2).

Tornai-vos meus imitadores, mas em quê? De quem? Por quê? – A imitação é Cristo. Paulo está afirmando que está imitando a Cristo e, se os Coríntios quisessem imitar Cristo, poderiam ver como ele (Paulo) estava fazendo. Era mais fácil seguir Paulo, já que ele estava perto, visível em carne e osso, do que propor o seguimento de um homem perfeito, Filho de Deus encarnado (Jo 1,14), mas ressuscitado.

Aqui Paulo oferece o seu exemplo de pessoa disponível a todos. Pode-se ver algum resquício da apologia do cap. 9 (esp. 9,1-3.19-23). Na verdade, ele se apresenta como modelo da vivência e do compromisso de amor para todos os que querem abraçar com liberdade a vocação cristã do seguimento a Jesus Cristo. Ao exortar os Coríntios a serem seus imitadores, ele está se colocando como imitador de Cristo. "Sua prática exemplar da liberdade, vivida sob o regime da disponibilidade e da solidariedade, interpõe-se como mediadora entre o Senhor e a comunidade dos fiéis. É incontestável o sentido moral do tema da imitação"[12].

O motivo da alegria: *vos lembrais de mim*! Se vos lembrais de mim, logo, lembrai-vos daquele que eu estou seguindo e do qual vos falei.

A expressão *guardai as tradições* pode ter dois significados: a) Para os judeu-helenistas de Corinto, as tradições podem ser o passado herdado e transmitido através das gerações; b) Para os greco-romanos, as tradições podem ser os ensinamentos dos grandes mestres da cultura grega.

As tradições dos antepassados devem ser guardadas nas suas devidas proporções. Na conclusão do livro das parábolas, Mateus refere a uma máxima sapiencial de Jesus: *Por isso, todo escriba versado no Reino dos Céus é semelhante a um pai*

---

12. BARBAGLIO, G. *As cartas de Paulo II*, 1990, p. 299.

de família que tira do seu tesouro (baú de experiências) coisas novas e coisas velhas (Mt 13,52).

Algumas coisas do passado devem ser guardadas e conservadas com extremo carinho e ensinadas aos outros; no entanto, há coisas que precisam ser modificadas ou mesmo abandonadas (Mt 5,21ss. – *ouvistes o que foi dito aos antigos...? Eu, contudo, vos digo...*). No sentido de conservar alguns princípios fundamentais dos antepassados, [Paulo] escreve a Timóteo pedindo que não esqueça a fé que recebeu, primeiramente da avó Loide e depois reforçada pela mãe Eunice (2Tm 1,5). Nesse caso, a mãe Eunice é a memória firme e sólida dos ensinamentos da avó Loide. Seguir as pegadas da geração anterior é a maneira mais viva de assegurar-se das tradições anteriores. Timóteo tinha como exemplo imediato a mãe e, como um testemunho um pouco mais distante, a avó; no entanto, a avó estava viva na figura da mãe.

Jesus era um exemplo relativamente distante para os Coríntios, pois eles tinham uma religiosidade muito desenvolvida no campo da mitologia, da astrologia e da magia. Persuadir os ouvintes ou leitores ao seguimento de Jesus Cristo, como o Deus encarnado, em forma de discurso, era difícil, pois eles tinham muitos mitos, conheciam divindades portentosas e as filosofias de grandes mestres. Paulo, conhecedor desse contexto religioso e cultural, usa a pedagogia do exemplo mais próximo para alcançar o mais distante. Colocar-se como exemplo último ou final seria a pior forma de trair o evangelho e, nas próprias palavras dele, em nenhum momento, queria colocar o orgulho acima da missão:

> [16]ἐὰν γὰρ εὐαγγελίζω μαί οὐκ ἔστιν μοικαύχ ημα·ἀνάγκη γάρ μοιἐπίκειται·οὐ αἰγάρμοί ἐστιν ἐὰνμὴ εὐαγγελίσω μαι // [16]Se, pois, evangelizar para mim não é um orgulho, antes, uma necessidade que se me impõe; ai de mim se não evangelizasse! (1Cor 9,16).

O exemplo do passado é um patrimônio que não pode ser ignorado ou desprezado. Os marcos fundantes das grandes mudanças devem ser transmitidos às gerações seguintes (Sl 78,3-4). De forma análoga, é a revelação que João recebe do Anjo a respeito de Jesus Cristo, pois ele deve manifestá-la aos seus servos (Ap 1,1-2). O que Cristo transmitiu recebeu do Pai (Jo 15,10) e o que Paulo tentava transmitir recebeu de Cristo (Gl 1,11-23).

Em forma de conforto e consolo, escrevendo aos Tessalonicenses, Paulo lhes diz que eles, como imitadores dele nos sofrimentos e perseguições, se tornaram modelo de imitação de Cristo para toda a Acaia e Macedônia:

> [6]Καὶ ὑμεῖς μιμηταὶ ἡμῶν ἐγενήθητε καὶ τοῦ κυρίου, δεξάμενοι τὸν λόγον ἐν θλίψει πολλῇ μετὰ χαρᾶς πνεύματος ἁγίού [7]ὥστε γενέσθαι ὑμᾶς τύπον πᾶσιν τοῖς πιστεύουσιν ἐν τῇ Μακεδονίᾳ καὶ ἐν τῇ Ἀχαΐᾳ [8]ἀφ᾽ ὑμῶν γὰρ ἐξήχηται ὁ λόγος τοῦ κυρίου οὐ μόνον ἐν τῇ Μακεδονίᾳ καῖ ἐν τῇ Ἀχαΐᾳ ἀλλ᾽ ἐν παντὶ τόπῳ ἡ πίστις ὑμῶν ἡ πρὸς τὸν θεὸν ἐξελήλυθεν ὥστε μὴ χρείαν ἔχειν ἡμᾶς λαλεῖν τι // [6]E vós vos tornastes *nossos imitadores e do Senhor*, acolhendo a Palavra em meio a grande tribulação e com alegria no Espírito Santo, [7]vos tornastes modelo para todos os crentes na Macedônia e Acaia, [8]mas em todos os lugares a vossa fé foi manifestada junto de Deus, de tal modo que não temos necessidade de vos dizer algo mais (1Ts 1,6-8).

A imitação tem uma meta única e inconfundível: *o Senhor*. Os Tessalonicenses estavam buscando a imitação do Senhor (1Ts 1,6), mas olhavam para Paulo como um caminho ou possibilidade para tal. Aproximar-se do *Senhor* poderia soar como excêntrico, pois o Filho de Deus, como o Lógos, o *Kyrios* e o Ressuscitado, estava muito longe, por isso Paulo lhes propõe o *Senhor ressuscitado como Jesus de Nazaré*, aquele homem que se encarnou e assumiu as condições humanas (Hb 4,15) e veio como servo (Fl 2,6-8) acampar no meio de nós (Jo 1,14). Esse Homem de Nazaré, filho de uma mulher que estava sob todos os parâmetros da Lei mosaica (Gl 4,4), mas era o Unigênito, o Filho amado do Pai (Jo 1,17-18).

O *Jesus histórico* da compaixão, da acolhida, do perdão e da diaconia (Fl 2,5-8) era a proposta de todo o escopo cristão. Seguindo o Senhor, na azinhaga de Paulo, os Tessalonicenses haviam se tornado em modelo para os cristãos da Acaia e da Macedônia (1Ts 1,7-8).

Em outra passagem, Paulo compara os Tessalonicenses com os cristãos da Judeia:

> [14]ὑμεῖς γὰρ μιμηταὶ ἐγενήθητέ ἀδελφοί τῶν ἐκκλησιῶν τοῦ θεοῦ τῶν οὐσῶν ἐν τῇ Ἰουδαίᾳ ἐν Χριστῷ Ἰησοῦ ὅτι τὰ αὐτὰ ἐπάθετε καὶ ὑμεῖς ὑπὸ τῶν ἰδίων συμφυλετῶν καθὼς καὶ αὐτοὶ ὑπὸ τῶν Ἰουδαίων [15]τῶν καὶ τὸν κύριον ἀποκτεινάντων Ἰησοῦν καὶ τοὺς προφήτας καὶ ἡμᾶς ἐκδιωξάντων καὶ θεῷ μὴ ἀρεσκόντων καὶ πᾶσιν ἀνθρώποις ἐναντίων // [14]Vós, irmãos, vos tornastes imitadores das Igrejas de Deus que estão na Judeia, *em Cristo Jesus, porque as coisas que padecestes dos próprios patrícios como eles dos judeus,* [15]os quais, não só mataram Jesus e os profetas, mas perseguiram a nós e não agradam a Deus e a todos os homens diante [deles] (1Ts 2,14-15).

Os Tessalonicenses estavam experienciando a última bem-aventurança de Jesus no Evangelho de Mateus, pois a perseguição e o sofrimento por causa da verdade, da justiça e do testemunho de Deus já havia sido a forma de vida dos profetas (Mt 5,11-12).

O sofrimento poderia ser o resultado da diaconia radical pelo amor e libertação dos outros (Mc 10,45), bem como o resultado de um ódio sem razão e sem motivos (Jo 15,25).

O sofrimento é um caminho de imitação de Cristo. O autor da homilia aos Hebreus (Carta aos Hebreus) afirma que o Autor da salvação realizou o processo de resgate através de muito sofrimento (Hb 2,10). O sofrimento tem sentido e valor quando é libertador, quando é consequente de um gesto solidário, quando é para a promoção da paz e da justiça.

Diante dos ataques dos adversários e dos próprios irmãos judeus, Paulo apresenta um breve relato do seu *curriculum vitae*:

> [12]Mas o que faço e farei é para cortar ocasião àqueles que a buscam com o intuito de serem considerados iguais a nós, naquilo em que se gloriam. [13]Porque os tais são falsos apóstolos, operários fraudulentos, travestidos em apóstolos de Cristo [...]. [21]Como que envergonhado confesso, como se fôssemos fracos. Mas, naquilo em que qualquer um tem ousadia, como insensato afirmo, também eu a tenho. [22]São hebreus? Também eu. São israelitas? Também eu. São da descendência de Abraão? Também eu. [23]São ministros de Cristo? Falo como fora de mim. Eu ainda mais: em trabalhos, muito mais; muito mais em prisões; em açoites, sem medida; em perigos de morte, muitas vezes. [24]Cinco vezes recebi dos judeus uma quarentena de açoites menos um; [25]fui três vezes açoitado com varas; uma vez, apedrejado; em naufrágio, três vezes; uma noite e um dia passei na voragem do mar; [26]em jornadas, muitas vezes; em perigos de rios, em perigos de salteadores, em perigos entre irmãos, em perigos entre gentios, em perigos na cidade, em perigos no deserto, em perigos no mar, em perigos entre falsos irmãos; [27]em trabalhos e fadigas, em vigílias, muitas vezes; em fome e sede, em jejuns, muitas vezes; em frio e nudez. [28]Além das coisas exteriores, há o que pesa sobre mim diariamente, a preocupação com todas as Igrejas. [29]Quem enfraquece, que também eu não enfraqueça? Quem se escandaliza, que eu não me inflame? [30]Se tenho de gloriar-me, gloriar-me-ei no que diz respeito à mi-

> nha fraqueza. [31]O Deus e Pai do Senhor Jesus, que é eternamente bendito, sabe que não minto. [32]Em Damasco, o governador preposto do Rei Aretas montou guarda na cidade dos damascenos, para me prender; [33]mas, num grande cesto, me desceram por uma janela da muralha abaixo, e assim me livrei das suas mãos (2Cor 11,12-13.21-33).

A apologia de Paulo não é orgulho e nem fantasia, mas é a realidade da vocação profética. A exemplo do Profeta Jeremias (20,7-10), o qual experienciou a perseguição e a rejeição de muitos de sua parentela, o Apóstolo é acuado a fazer sua defesa diante de falsas acusações e mediocridades que ameaçavam o seu trabalho. O sofrimento marca a trajetória do evangelizador, missionário e arauto da justiça e da verdade.

Assim também aos Filipenses ele relata situações de constrangimento, sofrimento e perseguição:

> [20]Segundo a minha ardente expectativa e esperança de que em nada serei envergonhado; antes, com toda a ousadia, como sempre, também agora, será Cristo engrandecido no meu corpo, quer pela vida, quer pela morte. [21]Porquanto, para mim, o viver é Cristo, e o morrer é lucro. [22]Entretanto, se o viver na carne traz fruto para o meu trabalho, já não sei o que hei de escolher (Fl 1,20-22).

A imitação de Cristo gerava sofrimento e dificuldades, mas ele acreditava de modo sólido no mandato vocacional recebido na visão do caminho para Damasco (At 9,3-7). Os sofrimentos não conseguem romper essa aliança com Cristo e o mandato de Apóstolo. O sofrimento não é meta, nem mesmo proposta, mas é consequência da fidelidade à vocação e ao evangelho (Mt 5,11-12).

Os gregos tinham como meta a felicidade, a perfeição e o bem-estar das pessoas livres através da paideia – isto é, do belo, do lúdico, da academia e da ética –, mas não por meio do sofrimento. Toda a dor era sinônimo de problemas, conflitos ou castigos das divindades, mesmo dentro do mundo judaico antigo e nos tempos de Jesus. Ao encontrarem um homem cego de nascimento, pensando em alguma maldição divina por causa de pecados, os discípulos perguntaram a Jesus: *Quem pecou, ele ou seus pais para que nascesse cego?* (Jo 9,2).

Jesus desmitifica o problema do mal e do sofrimento, já acenado pelo Profeta Jeremias (31,29-30), ainda que muitas vezes ele seja causa do pecado dos outros, como foi o resultado da condenação dele, mas ensinou que ele é libertador quando assumido com força total de transformação (Mc 10,45). A diaconia é um caminho de doação para a libertação, mas só os heróis levam essa proposta até o fim (Fl 2,5-8).

Aqueles que mataram Jesus acreditavam que a sua morte seria também o fim do seu movimento, acreditando num provérbio antigo:

> ῥομφαία ἐξεγέρθητι ἐπὶ τοὺς ποιμένας μου καὶ ἐπ᾽ ἄνδρα πολίτην μου λέγει κύριος παντοκράτωρ πατάξατε τοὺς ποιμένας καὶ ἐκσπάσατε τὰ πρόβατα καὶ ἐπάξω τὴν χεῖρά μου ἐπὶ τοὺς ποιμένας // Desperta, ó espada, contra os meus pastores e contra o homem que é o meu companheiro, diz o Senhor Pantocrator; fere os pastores, e as ovelhas ficarão dispersas; mas volverei a mão para os pequeninos (Zc 13,7; cf. Mt 26,31).

A morte dos pastores ocasionava o sofrimento, a dilaceração das ovelhas, mas não o fim do rebanho. Foi no sofrimento que os discípulos de Jesus se multiplicavam (At 8,1-2) e, frustrados com o resultado da morte do Mestre, eles decidiram perseguir e matar também os discípulos. Essa experiência de dor e morte dos cristãos na Judeia era semelhante à dos Tessalonicenses (cf. At 17,5-8). Os inimigos da cruz de Cristo (3,18) transformaram os cristãos da Judeia em novos crucificados e, de modo análogo, os inimigos de Paulo tratavam os cristãos em Tessalônica.

Na Segunda Carta aos Tessalonicenses, Paulo se coloca como modelo de gratuidade e trabalho, renunciando aos direitos dos pregadores. Esse exemplo era muito importante a fim de provocar a comunidade à participação da vida comunitária e à produção do próprio sustento, evitando o parasitismo e a inércia.

> [7]Αὐτοὶ γὰρ οἴδατε πῶς δεῖ μιμεῖσθαι ἡμᾶς ὅτι οὐκ ἠτακτήσαμεν ἐν ὑμῖν [8]οὐδὲ δωρεὰν ἄρτον ἐφάγομεν παρά τινος ἀλλ' ἐν κόπῳ καὶ μόχθῳ νυκτὸς καὶ ἡμέρας ἐργαζόμενοι πρὸς τὸ μὴ ἐπιβαρῆσαί τινα ὑμῶν [9]οὐχ ὅτι οὐκ ἔχομεν ἐξουσίαν ἀλλ' ἵνα ἑαυτοὺς τύπον δῶμεν ὑμῖν εἰς τὸ μιμεῖσθαι ἡμᾶς // [7] Vós mesmos sabeis como é necessário *imitar-nos*, pois nunca nos portamos inadequadamente entre vós, [8]nem comemos pão de graça às custas de alguém, mas na *fadiga e na dureza trabalhamos noite e dia* a fim de não sermos pesados a alguém de vós; [9]não porque não temos esse direito, mas a fim de que *tenhais o exemplo que vos demos para imitar-nos* (2Ts 3,7-9).

A fadiga e o trabalho constantes revelam a participação nos sofrimentos de Cristo, não apenas na sua paixão, mas na sua missão.

Na Carta aos Efésios, a orientação é direta:

> Γίνεσθε οὖν μιμηταὶ τοῦ θεοῦ ὡς τέκνα ἀγαπητὰ [2]καὶ περιπατεῖτε ἐν ἀγάπῃ καθὼς καὶ ὁ Χριστὸς ἠγάπησεν ἡμᾶς καὶ παρέδωκεν ἑαυτὸν ὑπὲρ ἡμῶν προσφορὰν καὶ θυσίαν τῷ θεῷ εἰς ὀσμὴν εὐωδίας // *Tornai-vos, pois, imitadores de Deus* como filhos amados, [2]e, andai no amor, como o [próprio] Cristo nos amou e entregou-se a si por nós como oferenda e sacrifício a Deus de agradável fragrância (Ef 5,1-2).

Todo o filho ou filha tem o pai ou a mãe como arquétipos a serem imitados. Deus nos amou e enviou seu Filho a fim de que conhecêssemos o Pai de modo direto (Hb 1,1-3). O Autor provoca o leitor a assumir o seu papel de continuador desse amor do Pai, em Jesus Cristo. A imitação é a Deus, como Pai cheio de misericórdia e compaixão. A insistência na temática dessa aproximação é profundamente didática e pedagógica: a imagem de Deus sempre se constituiu algo inatingível e distante, mas a figura do Pai havia sido mostrada pelo seu Filho (Jo 14,9). A memória do passado fortalece as opções no presente e retornar a Abraão ajuda a reconfigurar a imagem do Deus fiel e amoroso ao longo da história:

> [11]ἐπιθυμοῦμεν δὲ ἕκαστον ὑμῶν τὴν αὐτὴν ἐνδείκνυσθαι σπουδὴν πρὸς τὴν πληροφορίαν τῆς ἐλπίδος ἄχρι τέλους́ [12]ἵνα μὴ νωθροὶ γένησθέ μιμηταὶ δὲ τῶν διὰ πίστεως καὶ μακροθυμίας κληρονομούντων τὰς ἐπαγγελίας .[13]Τῷ γὰρ Ἀβραὰμ ἐπαγγειλάμενος ὁ θεός́ ἐπεὶ κατ᾽ οὐδενὸς εἶχεν μείζονος ὀμόσαι, ὤμοσεν καθ᾽ ἑαυτοῦ // [11]Desejamos, pois, que cada um de vós continue mostrando a mesma diligência para a plena certeza da esperança, até ao fim; [12]para que não vos torneis indolentes, mas imitadores daqueles que, pela fé e pela longanimidade, herdam as promessas. [13]Pois, quando Deus fez a promessa a Abraão, visto que não tinha ninguém superior por quem jurar, jurou por si mesmo (Hb 6,11-13).

Abraão é o pai da antiga aliança e Deus confiou nele ao celebrar o pacto (Gn 15,1-21; 17, 1-14). A fé é a raiz, ama o caule frutífero e espera a coroa da árvore da vida cristã. A fé apropriou a graça de Deus nos fatos da salvação; o amor é o espírito animador de nossa vida cristã atual; enquanto a esperança se apodera do futuro como pertencente ao Senhor e àqueles que são seus. O Reino de Deus, passado, presente e futuro, é assim refletido na fé, no amor e na esperança. A esperança é uma virtude de quem acredita na palavra de Deus na Escritura (Rm 15,4) e está vinculada à fé pela ação do Espírito Santo (Rm 15,13).

Nas tradições bíblicas, recordar o passado era não apenas olhar para trás, mas, acima de tudo, uma forma de buscar elementos para imitar seus exemplos e reconfigurar os caminhos.

> [7]Μνημονεύετε τῶν ἡγουμένων ὑμῶν, οἵτινες ἐλάλησαν ὑμῖν τὸν λόγον τοῦ θεοῦ, ὧν ἀναθεωροῦντες τὴν ἔκβασιν τῆς ἀναστροφῆς μιμεῖσθε τὴν πίστιν... [8]Ἰησοῦς Χριστὸς ἐχθὲς καὶ σήμερον ὁ αὐτὸς καὶ εἰς τοὺς αἰῶνας // [7]Lembrai-vos dos vossos guias, os quais vos pregaram a palavra de Deus e, considerando atentamente o fim da sua vida, imitai a fé que tiveram. [8]Jesus Cristo ontem e hoje é o mesmo e [o será] para sempre (Hb 13,7-8).

Não só as coisas boas eram imitadas; algumas vezes os maus exemplos serviam de paradigmas; por isso, João, na qualidade de *presbyterós* (ancião), exorta os seus discípulos e ouvintes a não imitarem as coisas ruins:

> [11]Ἀγαπητέ, μὴ μιμοῦ τὸ κακὸν ἀλλὰ τὸ ἀγαθόν ὁ ἀγαθοποιῶν ἐκ τοῦ θεοῦ ἐστιν ὁ κακοποιῶν οὐχ ἑώρακεν τὸν θεόν // [11]Amado, *não imites* o que é mau, mas o que é bom. Aquele que pratica o bem é de Deus; aquele que pratica o mal jamais viu a Deus (3Jo 1,11).

Filipos nos caminhos greco-romano-cristãos da Europa

Depois que um sonho ou visão interrompeu o projeto do Apóstolo cuja intenção era seguir para Éfeso, ele e seus companheiros atravessaram o Estreito do Bósforo e chegaram a Filipos, primeira cidade da Europa a receber o evangelho de modo oficial (At 16,6-12).

Filipos era, nessa época, a cidade mais importante da Macedônia e, em virtude de guerras entre gregos e persas e, mais tarde, entre Marco Antônio e Otávio contra Bruto e Cássio, formou-se uma composição social muito diversificada. Paulo chega à cidade na sua segunda viagem missionária.

Os judeus não eram muito expressivos e talvez não tivessem um lugar que servisse de sinagoga. Paulo tinha por hábito, em todas as cidades que visitava, dirigir-se às sinagogas primeiramente. Lucas afirma que Paulo e seus companheiros se dirigem para um lugar onde lhes parecia haver oração, junto ao rio (At 16,13-14). Não se pode saber se esse lugar era um ambiente fechado ou a céu aberto[13]. Destaca-se o fato de que nesse ambiente não havia senão algumas mulheres, e uma delas, com o nome de Lídia, *era adoradora de Deus*; isto é, era uma mulher de origem pagã, da cidade de Tiatira na Ásia Menor, mas seria

---

13. TURRADO, L. *Biblia Comentada* – Vol. VI: Hechos de los Apóstoles y epístolas paulinas, 1965, p. 148.

adepta do judaísmo. Tiatira era uma cidade que prosperava na produção de púrpura e Lídia era uma mulher rica e trabalhava como comerciante dessa púrpura em Filipos, onde o comércio era muito próspero.

A cidade de Filipos pertencia à região da Trácia, dominada pelos Persas, que correspondia à parte oriental da Macedônia. A cidade ou arraial se chamava Krenides e não tinha muita relevância no cenário político e econômico até ser conquistada por Filipe II, rei da Macedônia, em 356 a. C. Filipe II, após a conquista, alcunha a cidade com o próprio nome: Filipos.

Filipos tinha uma importância particular em dois aspectos: a) Estava situada próxima a minas de ouro, as quais Filipe fez questão de desenvolver e explorar; b) Estava localizada próxima ao mar e junto à rota terrestre entre a Grécia e o Bósforo que, mais tarde, com os romanos, torna-se a grande *Via Egnatia*, ou seja, a rota para os exércitos entre a Europa e a Ásia. Nos tempos de Alexandre, o Grande, e de seus sucessores, a cidade recebeu grande desenvolvimento socioeconômico e cultural, especialmente da cultura grega.

A cidade e os arredores foram palco de uma grande batalha entre Marco Antônio e Otaviano contra Bruto e Cássio, os assassinos de Júlio César, em 42 a. C. Após obterem a vitória, grande parte dos comandantes de Antônio e Otaviano se estabeleceram na cidade com um grande contingente de soldados veteranos. Doze anos mais tarde, Otaviano entra em conflito com Antônio, derrota as suas tropas, na Batalha de Actium, e chama a cidade de *Colonia Iulia Philipensis*. Três anos mais tarde, quando Otaviano tomou o nome de Augusto, a cidade passou a se chamar *Colonia Iulia Augusta Philipensis*[14]. Nesse período, a cidade era comandada pela aristocracia romana e

---

14. BRUCE, F.F. *Filipenses*, 1992, p. 12.

muitos trácios e gregos trabalhavam nas minas de ouro e nas pedreiras de mármore para essa burguesia[15]. O grego, no entanto, era a língua que predominava e sua influência era determinante nos ambientes culturais. Os veteranos, quer gregos, quer trácios, podiam adquirir a cidadania romana.

Com a instalação de uma grande corporação de soldados e o consequente desenvolvimento, a cidade ganhou o título de Colônia Romana. Dessa forma, os cidadãos da colônia eram considerados cidadãos romanos com títulos de propriedades de terras e direitos semelhantes aos que moravam na Itália. Em virtude da quantidade de latinos residentes, os costumes, as divindades e as práticas tornavam Filipos uma cidade típica de cultura italiana fora da Itália. As cidades seguiam os padrões estabelecidos por Roma; isto é, eram governadas por dois magistrados, conhecidos como *duum viri iuri dicundo* (dois homens que estabelecem o direito/a justiça). Em outras cidades, os que desempenhavam a função do direito ou da justiça se chamavam *pretores*, como é o caso de Jerusalém, onde Pilatos, como governador, também exerce o papel de *pretor* (cf. Mc 15,16; Mt 27,27; Jo 18,28.33; 19,9).

Lucas nomeia esses magistrados de στρατηγοι (stratêgói) que podiam ser chefes do exército, comandantes supremos, superiores ou pretores (At 16,22.35.36.38)[16]. Alguns autores acreditam que a interpretação de *pretor* não seja propriamente correta em virtude das aplicações que o mesmo comportava, como, por exemplo, os dirigentes de Pérgamo também se apropriavam do mesmo título[17]. O pretor era um comandante militar encarregado de decidir as questões judiciais nas províncias e nas cidades. Em Jerusalém, na fortaleza de Antônia, onde estava estabelecido

---

15. BOKMUEHL, M. *The Epistle to the Philippians*, 1998, p. 5.

16. BONAZZI, B. "Stratêgós". In: *Dizionario Greco-italiano*, 1943.

17. BAUER, W. "Stratêgós". In: *Wörterbuch zum Neuen Testament*, 1971.

o responsável pela justiça, em nome do governador e do imperador, havia um pretório, para o qual Jesus, depois de ter sido sentenciado à morte pelos judeus, foi levado à presença de Pilatos, que era o representante maior da autoridade romana para essas questões (Mt 27,27; Mc 15,16; Jo 18,28.33; At 19,9; 23,35).

Os oficiais ou magistrados, normalmente militares, tinham seus auxiliares chamados ῥαβδοῦχος (rabduchós) cujo significado literal era *carregador de varas*, aquele que carrega algo como ofício ou cerimoniário (At 16,35.38)[18]. Essa função associada aos magistrados era muito conhecida e referida por Aristóteles, Políbio, Plutarco e outros[19]. O nome e a função, provavelmente, origina-se do termo ῥαβδος que significa bastão, cajado ou vara.

Esses tinham a função de estar à frente dos magistrados pelos caminhos ou também de controlar determinados lugares. Em muitas circunstâncias, eram eles que vergastavam os culpados por crimes ou atos contra a lei. Mas, no caso de Paulo e de seus companheiros, não havia delitos contra a lei romana, apenas falsas acusações da parte dos manipuladores dos oráculos que tinham uma pitonisa como fonte de lucros (At 16,16-23).

---

18. BONAZZI, B. "Stratêgós". In: *Dizionario Greco-italiano*. Op. cit.

19. BAUER, W. "Rabdouchós". In: *Wörterbuch zum Neuen Testament*. Op. cit.

O gênero literário de Lucas e Atos dos Apóstolos

O gênero literário de Lucas e Atos pode ser compreendido em três aspectos principais: narrativo, apologético e irônico.

• *Narrativo* – Enquanto coloca como meta a construção de uma história dos fatos fundamentada nas tradições daqueles que tinham sido testemunhas oculares dos acontecimentos e ministros da palavra, os *autóptai* (Lc 1,2)[20].

• *Apologético* – Na medida em que Lucas faz a leitura dos muitos textos já existentes, ele vai definindo quais eram os textos que tinham crédito nas comunidades e nos sucessores dos apóstolos e quais não tinham fundamentação séria na tradição daqueles que haviam sido testemunhas oculares. A proposta de Lucas era a de elaborar uma leitura crítica, séria e fundamentada na tradição das comunidades, no testemunho dos apóstolos e na coerência dos relatos (Lc 1,1.3-4).

• *Irônico* – Diante do conservadorismo judaico e do apego aos mitos pelos pagãos, Lucas ironiza o fechamento ao novo por parte dos judeus em parábolas como a do bom samaritano (Lc 10,29-37), na visita à casa de Marta (Lc 10,38-42), na

---

20. Muitos historiadores negam a autenticidade das testemunhas oculares (*autóptai*), afirmando que a oralidade não tem valor histórico. No momento em que um fato narrado passa da oralidade para o texto já tem valor histórico. Quando alguém que vê ou presencia algo e narra-o a outro para sua documentação, sem contestação, ganha valor de documento.

metáfora do pai e os dois filhos (Lc 15,11-32), na cura dos dez leprosos (Lc 17,11-19) e muitas outras.

O texto dos Atos dos Apóstolos não é um diário de bordo nem um documentário, mas é uma obra de erudição retórica com fundamentação histórica, baseada em dois pilares:

a) As obras escritas que estiveram ao alcance do redator;

b) Os depoimentos de muitas pessoas que se colocavam como testemunhas oculares dos fatos (Lc 1,1-2). A grande maioria dos exegetas aproxima o estilo retórico de Lucas com o gênero de textos de Heródoto e Tucídines[21].

A partir de Aristóteles, cresceu significativamente o uso da retórica na composição de obras históricas. Ao compor uma obra de valor histórico, o historiador pode usar diferentes estilos de linguagem e, se os conhecimentos do idioma lhe permitem, pode matizar melhor a linguagem. Mesmo que a retórica, no ambiente greco-romano, servisse para declamações, os alicerces dos textos declamados eram resultados de cuidadosas investigações e consultas às testemunhas oculares[22].

Lucas era um escritor helênico e tinha todas as prerrogativas para compor suas obras dentro de estilos refinados da sua própria cultura. Além de discípulo de Paulo e escritor, ele também era médico (Cl 4,14) e o seu nível cultural elevado. Assim sendo, ele tem toda a autoridade para escrever dentro do estilo literário dos grandes autores de seu tempo. Nas duas obras consagradas por ele compostas, podemos constatar a erudição e o conhecimento:

> ἐπειδήπερ πολλοὶ ἐπεχείρησαν ἀνατάξασθαι διήγησιν περὶ τῶν πεπληροφορημένων ἐν ἡμῖν πραγμάτων, [2]καθὼς παρέδοσαν ἡμῖν οἱ ἀπ' ἀρχῆς αὐτόπται καὶ

21. WITHERINGTON III, B. *The Acts of the Apostles* – A Socio-Rhetorical Comentar, 1998, p. 40.

22. Ibid.

> ὑπηρέται γενόμενοι τοῦ λόγου, [3]ἔδοξε κἀμοὶ παρηκολουθηκότι ἄνωθεν πᾶσιν ἀκριβῶς καθεξῆς σοι γράψαί κράτιστε Θεόφιλε, [4]ἵνα ἐπιγνῷς περὶ ὧν κατηχήθης λόγων τὴν ἀσφάλειαν // Visto que muitos lançaram mão para elaborar uma narrativa ordenada dos fatos que entre nós se realizaram, [2]conforme nos transmitiram os que desde o princípio foram deles *testemunhas oculares* e ministros da palavra, [3]a mim também pareceu conveniente, *seguindo uma rigorosa investigação* de tudo desde sua origem, escrever a ti, uma sólida exposição, excelentíssimo Teófilo, [4] para que tenhas plena certeza das palavras em que foste instruído (Lc 1,1-4).

> [1]Τὸν μὲν πρῶτον λόγον ἐποιησάμην περὶ πάντωѵ ὦ Θεόφιλέ ὧν ἤρξατο ὁ Ἰησοῦς ποιεῖν τε καὶ διδάσκειѵ [2]ἄχρι ἧς ἡμέρας ἐντειλάμενος τοῖς ἀποστόλοις διὰ πνεύματος ἁγίου οὓς ἐξελέξατο ἀνελήμφθη // [1]O primeiro relato compusemos a respeito de todas as coisas, ó Teófilo, as quais Jesus começou fazer e ensinar [2]até os dias em que foi elevado (arrebatado) aos apóstolos através do Espírito Santo, os quais havia escolhido (At 1,1-2).

Estudar Paulo, dissociado dos Atos dos Apóstolos e do estilo narrativo de Lucas, é uma heresia. Negar o valor histórico δαδιήγησιν (narrativa) e do πρότον λόγον (primeiro relato) é negar a própria história. Se a tese sustentada por alguns estudiosos de que a obra lucana carece de fundamentos históricos por estar à distância de uma geração for verdadeira, eu jamais poderia escrever algo sobre a vida do meu avô, que estava há duas gerações antes de mim e com o qual passei parte da minha infância. Muito menos poderia compor qualquer coisa concernente à história de meu bisavô, o qual eu não conheci, mas de quem meu avô se orgulhava demais e falava com entusiasmo e veneração, ao mesmo tempo, mostrando-me fotos e certidões.

Os prólogos, de ambos os relatos[23], revelam a seriedade de Lucas na composição das suas obras, mesmo que as mesmas sejam frutos do *Sitz im Leben* do final do primeiro século. Sabemos que o Livro dos Atos é uma obra composta por dois grandes blocos de relatos: a) O texto oriental; b) O texto ocidental; isso, porém, não tira o crédito das fontes.

Pode haver discordâncias nas informações devido à diversidade das fontes, como também pode haver equívocos nas mesmas, mas nem por isso se pode desprezar o valor histórico. Podemos dizer que a história narrada e transmitida de uma geração a outra é um gênero literário de história, diferente do escrito ou documental, mas é sempre história, pois o documento escrito pode conter os mesmos equívocos que o documento narrado de forma oral.

---

23. Muitos autores insistem na conjectura de uma obra em dois volumes. Contudo, ainda que sejam do mesmo autor, é mister considerar o objetivo de cada uma das obras. No evangelho, a questão central é a boa-nova do Reino de Deus, da graça, da misericórdia, da compaixão e da inclusão trazida por Jesus. No Livro dos Atos dos Apóstolos está a eclesiologia em duas grandes linhas de reflexão: 1) A Igreja da circuncisão com Pedro; 2) A Igreja da libertação e da inclusão com Paulo.

O gênero literário da Carta aos Filipenses

A Carta aos Filipenses é um escrito que manifesta uma sintonia e uma comunhão de projetos e de experiências de vida entre o emissor e os receptores que pode ser caracterizado como o *livro da alegria e do encorajamento* de toda a Bíblia. Em Filipos, Paulo e Silas tiveram a primeira experiência de prisão e, no momento em que escreve a carta, está numa segunda experiência de cativeiro (Fl 1,12-26). A meu ver, a carta é escrita desde Éfeso, por isso, acredito ser a segunda experiência de cativeiro. Outros autores sustentam que possa ter sido escrita durante a prisão da Cesareia Marítima, ou mesmo de Roma, enquanto Paulo aguardava o decorrer do processo em liberdade vigiada[24].

É a experiência do sofrimento e da prisão, talvez em sintonia com uma experiência semelhante por parte dos Filipenses, que provoca Paulo a não se sujeitar à situação, mas a um olhar diferente, partindo do exemplo de Jesus Cristo. O sofrimento, para Paulo, é a experiência da cruz, pois não foi ele ou outros apóstolos que foram crucificados, mas o próprio Cristo (1Cor 13,13.21-31). "A teologia da cruz de Paulo se alicerça em dois pilares: a) Que Deus é o crucificado, já que o Filho é a manifestação de Deus; b) A força desse gesto de Cristo é que o Filho de Deus o amou e se entregou por amor dele (Gl 2,20)"[25].

---

24. BOKMUEHL, M. *The Epistle to the Philippians*. Op. cit., p. 1.

25. GONZÁLES RUIZ, J.M. *La cruz en Pablo* – Su eclipse histórico, 2000, p. 42.

Ao longo de toda a carta, ele fala da alegria interior e de uma alegria que brota do Senhor[26]. Em apenas quatro capítulos, o apelo é repetido dezesseis vezes e não é um simples rir, extravasar sentimentos superficiais de exultação, mas de uma experiência profunda de comunhão com Cristo, na serenidade da consciência e na certeza da força do alto, como sustentação e razão da comunhão. O ministério apostólico encontra suas razões em Cristo e não nos missionários que o anunciam[27].

Não obstante ser uma das quatro cartas do cativeiro, nela está um olhar para a liberdade e para a superação. A solidariedade e a empatia paulina de *chorar com os que choram e alegrar-se com os que se alegram* (Rm 12,15) é extremamente profético, mas encontrar razões no sofrimento como caminho de superação da dor é verdadeiramente cristão. Não há dor que possa superar a certeza da comunhão com Cristo e com os irmãos: *Se Deus está conosco, não importa quem esteja contra* (cf. Rm 8,31). Assim Paulo pensa, raciocina e age, não importando as adversidades, os perigos e as dificuldades.

Para muitos estudiosos, essa carta percorreu os séculos delineando a mais profunda das aspirações cristãs[28]. Nisso está o insistente recorro: *Alegrai-vos sempre no Senhor! Repito: alegrai-vos!* (Fl 4,4). E, pelo que se encontra no primeiro capítulo da carta, não é um momento fácil da vida do Apóstolo, pois ele próprio escreve: *Para mim viver é Cristo e morrer é um ganho* (1,21).

Filipenses se constitui numa das grandes cartas do Apóstolo, não tanto pela sua extensão, mas pela profundidade cristocêntrica. A glorificação, a exaltação e a coroação como filhos e filhas amados dependem do Pai (2,9-11), mas a opção pela diaconia e pelo serviço dependem de cada um (2,5-8). A opção pelo

---

26. BOICE, J.M. *Philippians*, 2000, p. 12.

27. FEE, G. *The First Epistle to the Corinthians*, 1984, p. 9.

28. BOICE, J.M. *Philippians*. Op. cit., p. 12.

serviço solidário e gratuito, a exemplo de Jesus Cristo, necessita da consciência, da maturidade e do entendimento da missão; assim ele, não obstante os paradoxos, transforma em bem-aventurado quem o faz com alegria *no Senhor.* Jesus é modelo de servo e, sem hesitar, assumiu o projeto do Pai como sendo dele mesmo. Paulo torna essa carta o texto mais denso da cristologia neotestamentária. Para alguns autores, o maior tratado doutrinal sobre Cristo em toda a Bíblia é encontrado nessa carta[29].

A carta, definida como carta do cativeiro, revela toda a experiência de Paulo como evangelizador do pretório, como testemunha radical do evangelho e como arauto da alegria e do conforto, mesmo na prisão.

A unidade da carta é questionada por alguns autores os quais argumentam que as mudanças de temas e conteúdos devem ser classificados como interpolações: 1,1-3,1; 3,2-4,1; 4,2-9[30]. A autoria paulina não é questionada, mas as hipóteses de serem diversos bilhetes escritos em situações diferentes não é descartada totalmente.

Considerando a carta um texto unitário, podemos pressupor que ela tenha sido enviada através de Epafrodito. A Igreja de Filipos enviou Epafrodito com recursos econômicos para Paulo, que, na ocasião, encontrava-se na prisão e, além da ajuda (4,10-20), ele deve ter relatado a Paulo a situação dos cristãos naquela comunidade e alguns problemas como os invejosos que se alegravam com a prisão do Apóstolo (1,12-18), os possíveis conflitos entre ricos e pobres (2,1-5), as dificuldades com os judeus (3,2) e as tensões entre Síntique e Evódia (4,2).

As exortações são de estilo pastoral e não de reprovação. A forma de tratamento é fraterna e busca responsabilizar os mem-

---

29. Ibid.

30. KENT JR., H.A. "Philippians". In: *Ephesians through Philemon*, 1981, p. 96.

bros da comunidade. A imitação de Cristo realizada por Paulo é um argumento para mostrar a possibilidade de os filipenses fazerem o mesmo.

O estilo da carta é semelhante aos modelos de correspondência da época, mas contém quarenta termos próprios, muitos *hápax legomena*, quantidade superior a Gálatas (trinta e um) e Efésios (trinta e cinco), que são textos mais longos[31].

Os títulos *Jesus Cristo, Cristo Jesus, Senhor Jesus Cristo, Senhor Jesus, Senhor, Jesus, Cristo e Salvador* ocorrem cinquenta e uma vezes nos cento e quatro versos[32].

A carta contém traços de semelhança com grandes escritos greco-romanos, particularmente com o Pseudo-Demétrio e Pseudo-Libânio. No dizer de Cícero, a amizade foi a razão da invenção das cartas, ou seja, de estilo literário da correspondência da amizade. Para o Pseudo-Demétrio, "a família teve uma grande contribuição no desenvolvimento das epístolas da amizade"[33]. Na verdade, o papel familiar da correspondência se deveu às viagens das pessoas e seus sentimentos de saudade, dor, ansiedade, doença, perdas ou ganhos e à necessidade de expressar desejos de reencontro ou afetos.

Três personagens podem ser caracterizados no gênero epistolar, com linhas diferentes:

1) Cícero se enquadra nas cartas da amizade;

2) Sêneca está na ordem das cartas morais;

3) Aristóteles se caracteriza pelo estilo das cartas entre desiguais.

---

31. SILVA, M. *Philippians*, 2007, p. 11.

32. KENT JR., H.A. "Philippians". In: *Ephesians through Philemon*, 1981. Op. cit., p. 99.

33. Ibid.

Aristóteles consegue encontrar diferenças e criar direitos que não afinam com a pedagogia cristã, de modo muito explícito com Paulo (Gl 3,20; Cl 3,11): pais e filhos; homem e mulher; escravos e senhores; mestres e discípulos; gregos e bárbaros[34]. A carta tem um estilo personalizado, muito próximo dos diálogos de Cícero com Catão e outros parceiros[35].

A *amizade* marca profundamente o texto de *Filipenses* por conferir aos cristãos de Filipos um lugar de proximidade com o Apóstolo. Eles não apenas são parceiros de jornada, mas estão em situação semelhante de sofrimento, de marginalização e dificuldade para continuar como cristãos. Eles se mostram solidários com as peripécias do Apóstolo, compartilhando experiências de sofrimento (1,7), enfrentamento com falsos evangelizadores (1,15), lutando contra muitos inimigos (1,27-30), contra os cães e falsos circuncisos (3,1-2).

A *alegria* é outra nota marcante da pedagogia de Paulo, pois, não obstante o sofrimento gerado pelo constrangimento da prisão, havia ainda o sarcasmo dos seus opositores. Com isso, ele insiste na alegria para superar toda a tentação de ódio ou rancor contra os rivais. *Alegrai-vos no Senhor, todos; novamente eu digo, alegrai-vos!* (4,4).

Uma ou mais cartas?

Filipenses é uma das menores cartas do Apóstolo; no entanto, a crítica literária mostra possibilidade de ser uma composição posterior de um conjunto de mais de uma carta. Se considerarmos as condições econômicas e avaliarmos bem as circunstâncias do Apóstolo, nos surpreenderemos ao ver como conseguira compor esses múltiplos bilhetes que se transformaram em cartas.

---

34. ARISTÓTELES. *Política*, p. 12-13.

35. Cf. CÍCERO. *Orações*, s/d.

Três cartas?

Para G. Fee, a composição final não apenas dessa, mas também de outras cartas, resultaria das junções e justaposições dos bilhetes menores com o mesmo destinatário e o mesmo emissor, possivelmente. As hipóteses dos três bilhetes na correspondência de Paulo com Filipos são:

a) 4,10-20

b) 3,1b-21

c) 1,1-3,1a; 4,1-9.22-23 (possivelmente a carta levada por Epafrodito, no retorno a Filipos)[36].

Uma carta única?[37]

Tomando como base a análise do vocabulário da carta, especialmente os *hápax*[38], notamos que seria muito difícil escrever de modo tão singular três ou mais vezes, como alguns autores opinam, mantendo um conjunto tão próprio de lexemas.

A carta apresenta um vocabulário muito próprio e distinto dos outros escritos do Apóstolo, deixando entrever um momento muito especial, quer no seu afeto à Igreja de Filipos, quer no seu cativeiro com as pessoas do pretório (1,13) e a presença dos colaboradores (2,19-30); o que nos leva a sustentar ser um

---

36. FEE, G. *Paul's Letter to the Philippians*, 1995, p. 15.

37. BARBAGLIO, G. *As cartas de Paulo II* (Op. cit., 1990, p. 356, nota 11) faz uma referência a G. Bornkamm, o qual cita o testemunho de Policarpo em comentário a Filipenses com o termo no plural "επιστολαι" (= Cartas). Isso não altera o valor e a justificativa dessa carta. Pode ser, e eu creio, que Paulo escreveu outras vezes a Filipos, bem como a outras comunidades, mas uma grande parte desses escritos não foi conservada, e por isso, mesmo com o testemunho de Policarpo, *essa carta é uma só*. Os termos *hápax*, quer no NT, quer no *corpus paulinum*, estão uniformemente distribuídos, impedindo uma fragmentação do texto. Veja o vocabulário no final do livro: MAZZAROLO, I. *Carta de Paulo aos Filipenses*, 2011.

38. São quarenta e dois em relação ao NT e trinta e quatro em comparação com os demais escritos paulinos.

escrito único. A mudança de tom, particularmente em 3,2, não pode ser justificada como outro escrito, mas uma menção a um contexto que afetava a Igreja de Filipos como havia afetado o caminho inteiro da missão de Paulo e de seus colaboradores.

A mudança de tom, ao longo do texto, se faz necessária em virtude das questões tratadas. Discordamos das opiniões de que a parte mais crítica (3,1-4,9) tenha sido anexada à carta após a libertação do cativeiro[39].

O gênero literário de *Filipenses* é uma *alegre cristologia,* mesmo passando pelo sofrimento, pelas prisões e disputas com feras (1Cor 15,32). Depois das águas turbulentas da dor, vem o júbilo e a exaltação nos braços do Pai (4,4).

---

39. BARBAGLIO, G. *As cartas de Paulo II*, 1990. Op. cit., p. 356, citando Dockx, o qual afirma ser um *post scriptum*.

A Igreja de Filipos e o protagonismo das mulheres

Filipos é a primeira Igreja em solo europeu, não apenas a primeira Igreja paulina na Europa, como sustentam alguns autores. Por certo, alguns missionários cristãos já deveriam ter chegado em Roma, mas não tinham construído uma comunidade que pudesse ser chamada de Igreja.

O relato dos Atos dos Apóstolos sublinha a presença de pagãos na comunidade, juntamente com a presença de mulheres; contudo, na carta (Fl 3,2), aparecem também os judeus como complicadores da inserção do evangelho.

A formação da Igreja de Filipos pode ser aproximada da Igreja de Tessalônica que era composta de alguns judeus, muitos gregos e muitas mulheres da alta sociedade (At 17,4). Podemos dizer que Filipos tinha também alguns judeus, muitos greco-romanos de diversas classes sociais e não poucas mulheres entre as protagonistas da economia, da influência social e independentes.

Lídia é a anfitriã dos primeiros missionários chegados à cidade. Ela é apresentada como uma comerciante de *púrpura* da cidade de Tiatira, na Ásia Menor, atual Turquia (At 16,14). Ela, com certeza, não era a única mulher de Tiatira na região, mas como é atestado em At 17,4 concernente à Igreja de Tessalônica, pode-se presumir a presença de outras mulheres da alta sociedade como protagonistas do desenvolvimento socioeconômico, cultural e religioso. Nesse aspecto, muitos historiadores afirmam que as mulheres tiveram um grande papel no desenvolvimento da Macedônia e de Tiatira[40].

Lídia era uma mulher temente a Deus (At 16,14) e, poderia ser uma simpatizante da comunidade judaica de sua cidade visto que havia muitos pagãos que se aproximavam do judaísmo[41]. Paulo falou a ela sobre o Deus de Jesus Cristo e ela acreditou imediatamente, fazendo-se batizar e os de sua casa (At 16,15). Isso mostra que ela era uma pagã e protagonista no gerenciamento de seus negócios e, imediatamente, abre as portas para hospedar os arautos do evangelho. Não é mencionado o marido porque é ela a anfitriã. Ela se assemelha às mulheres que acompanhavam e proviam as necessidades de Jesus com os bens delas (Lc 8,1-3). Lídia pode ter sido uma das que organizaram, depois, as campanhas de sustentação de Paulo, mesmo nas suas prisões (4,10-20), tornando a Igreja de Filipos parceira na missão do Apóstolo. Aqui podemos notar diversos pontos de contato da carta com o Livro dos Atos[42].

Lídia é a grande ausente na carta. Qual a relação entre Atos 16,14 e a carta de Paulo à Igreja de Filipos? Por que Lídia não é mencionada em nenhum momento na carta? Temos a certeza de que a Igreja de Filipos não apenas começa com as mulheres, mas é uma Igreja de mulheres, talvez uma das mais importantes e mais expressivas na integração do feminino. É manifesto que, em Tessalônica, também havia um número considerável de mulheres que faziam parte dessa Igreja; mas os homens gregos eram também muitos (At 17,4).

---

40. BOKMUEHL, M. *The Epistle to the Philippians*, 1998. Op. cit., p. 25.

41. Ibid., p. 27. Cita diversos autores que se baseiam nas descobertas de Afrodísias que comprovam a adesão aos cultos judaicos por parte de muitos pagãos e, especialmente, de muitas mulheres.

42. FOWL, S.E. *Philippians*, 2005, p. 13.

Lídia era natural de Tiatira (hoje Akhisar, Turquia), cidade situada no caminho para Pérgamo e Sardes (Ap 2,12.18; 3,1), na província de Lida, e era comerciante de púrpura (At 16,14). Por ser uma cidade com muitos romanos, militares, cheios de orgulho, os quais amavam adornos, insígnias, togas, mantos e túnicas, gerava, sem dúvidas, dificuldades concretas para a formação de uma Igreja integradora com os mais simples e, talvez, com as mulheres. Digno de destaque, na narrativa dos Atos, é o fato do nome do marido de Lídia não aparecer. Por outro lado, pode ser um destaque para mostrar que não se trata de uma mulher judia, visto que no judaísmo as mulheres eram propriedade do marido e não lhes era permitido gerenciar os bens da família. Lídia seria a anfitriã da Igreja, mas também um modelo típico da mulher no contexto greco-romano. Com toda a certeza, Lídia é uma mulher da alta sociedade de Filipos, que se agrega ao movimento de Paulo e companheiros, como tantas outras que participam em pessoa e com os seus bens, como em Tessalônica (At 17,4) e outros lugares. Ainda que no mundo grego a situação da mulher não tenha sido sempre igual, as mulheres de famílias nobres tinham uma autonomia semelhante à do homem, especialmente no que concerne aos negócios, comércio e propriedade. A casa é dela, ela é autônoma e não precisa dizer que é viúva, solteira ou casada[43].

Lídia é a *mater familiae*, visto que, ao escutar e encantar-se com Paulo e seus companheiros, solicita para ser batizada ela e todos os de *sua casa* (At 16,15). No Livro dos Atos dos Apóstolos (At 18,2.18.26), em Rm 16,3; 1Cor 16,19 e 2Tm 4,19, Prisca é nomeada antes de seu marido Áquila. Quando o chefe de família tomava uma decisão, esta valia para todos os dependentes; assim, quando ele se convertia, toda a família assumia a nova religião. Nesse caso, Lídia não está só, é a *chefe de família*, e

43. MAZZAROLO, I. *Carta de Paulo aos Filipenses*. Op. cit., p. 24.

a decisão dela se torna válida para todos os seus familiares e subalternos.

Em um dia de sábado, Paulo e Silas procuram um lugar, fora da cidade, onde lhes parece haver oração (At 16,13). O dia em que eles querem rezar é *sábado*, mas, para onde se dirigem, não é uma sinagoga, pois eles saem da cidade. As sinagogas nunca estavam fora da cidade. Andando junto ao rio, encontram um grupo de mulheres reunidas (At 16,13). O que estariam fazendo essas mulheres na beira do rio? Essa reunião era de oração ou se tratava de outro movimento? Paulo e Silas procuravam um lugar de oração, mas encontram um grupo de mulheres à beira do rio. Poderiam ser gregas lavando roupa? Mas Lídia, como comerciante de púrpura, dificilmente seria, também, lavadeira.

É muito provável que essas mulheres usassem o espaço da lavagem da roupa para cultivar sua espiritualidade. É difícil, mas não impossível, supor que, pelo fato de estarem separadas em dia de sábado, formassem um movimento à parte, de contestação ou de protesto contra a estrutura local. Se eram todas judias, estariam rejeitando a exclusão da sinagoga? Se eram gregas, estariam iniciando algum movimento de libertação? Não sabemos que rito, que forma de oração praticavam enquanto lavavam roupa, mas o que importa é a espiritualidade que estava emergente nos corações dessas mulheres. Mal ouvem a primeira pregação e lá estão elas disponíveis para acolher os mensageiros, transformar suas famílias e iniciar o processo de transformação do lugar.

É certo que a casa, oferecida por Lídia aos missionários como hospedagem, tem sido a primeira Igreja doméstica da Europa. A Igreja de Filipos se inicia com as mulheres. Elas são as protagonistas da novidade, do evangelho e do cristianismo.

Síntichê (4,2) – do grego *syn+tychê* = reencontro, fortuna. É uma mulher cristã de Filipos que se digladiava com Paulo pela evangelização da cidade de Filipos. Outra interpretação seria *syn+tygchanô*, que significa ir junto, vir com alguém. Essa mulher não conseguia fazer um trabalho integrado com Evódia e, com isso, conflitava com a proposta unitária de Paulo. *Syntichê* era um conflito com o significado do próprio nome, que seria reunir, ir com, caminhar em conjunto[44].

Evódia (4,2) - no seu sentido etimológico, *eu+hodos* = bom caminho, e era uma cristã de Filipos que entra em conflitos com outra da mesma comunidade, *Syntiquê*. As duas apresentam um nome que tem um significado e um paradoxo na conduta. Paulo tentou amenizar os conflitos entre as duas, mas não foi tão fácil conseguir resultados positivos.

Lucas descreve Filipos como a primeira cidade dessa região da Macedônia - isto é, o primeiro entre quatro distritos em que a Macedônia fora dividida pelos romanos em 167 a. C. -, e acrescenta que se tratava de uma colônia romana (At 16,12).

---

44. ODELAIN, O. & SÉGUINEAU, R. *Dictionaire des Noms Propres de la Bible*, 1978.

A Igreja de Filipos e as diferenças de classes

A Macedônia, como todas as regiões próximas, foi uma região que conheceu diferentes dominações, cada uma com seus costumes e marcas culturais e religiosas. Nos dias da chegada de Paulo e de seus companheiros, a religiosidade se compunha de uma somatória de ritos e fórmulas, desde as religiões mistéricas da Pérsia até o culto ao imperador romano. Na verdade, os romanos herdaram todo o sincretismo precedente e adaptaram-no ao que eles já possuíam.

Em Filipos, bem como em todas as cidades greco-romanas, havia cultos a divindades femininas como Diana, Ísis e outras. Muitas mulheres participavam nos cultos de oráculos (At 16,16), como acontecia no famoso templo de Apolo, em Delfos, na Acaia. Em Filipos havia também uma significativa presença de judeus e eles possuíam uma sinagoga. Essa comunidade de judeus não se manifestou abertamente contra Paulo e Silas por ocasião da estada deles na cidade, mas se opôs aos cristãos depois da sua partida, por isso ele escreve de modo tão ríspido na carta (Fl 3,2). Os insultos em Filipos, referidos em 1Ts 2,2, podem ter sido também da parte dos judeus, mas não é certo; contudo, é importante levar em conta o relato de At 16 e as cartas de Paulo, conjuntamente. Paulo visitou a cidade ao menos três vezes (At 16,11-40; 20,1-6; 2Cor 7,5).

> [35]Ἡμέρας δὲγενομένης ἀπέστει λανοἱστρατηγοὶ τοὺς ῥαβδούχους λέγοντες·ἀπόλυσοντοὺς ἀνθρώπους ἐκείνους. [36]ἀπήγγειλεν δὲὁδεσμοφύλαξ τοὺς

λόγους˝ τούτους̔ πρὸςτὸν Παῦλον ὅτιἀπέσ ταλκα-νοίστρατηγοὶ ἵνα ἀπολυ θῆτε·νῦνοὖνἐξ ελ θόντες πορεύες θεἐνεἰρήνῃ. [37]ὁδὲ Παῦλος ἔφηπρὸς αὐ τούς·δείραν τες ἡμᾶς δημοσίᾳ ἀκατακρίτους, ἀν-θρώ πους Ῥωμαίους ὑπάρχοντας, ἔβαλανεἰς φυ-λακήν, καὶνῦνλά θρᾳἡμᾶς ἐκ βάλλου σιν; οὐγάρ, ἀλλὰ ἐλθόν τες αὐτοὶ ἡμᾶςἐξ αγαγέτωσαν. [38]ἀπήγ-γειλανδὲτοῖς στρατηγοῖς οἱραβδοῦχοιτὰῥ ἡματα-ταῦτα. ἐφοβήθη σανδὲ ἀκούσαντες ὅτι Ῥωμαῖοί εἰσιν, [39]καὶἐλ θόντες παρεκάλ εσαναὐ τοὺς καὶἐ ξα-γαγόντες ἠρώτω νἀπελ θεῖνἀπὸτῆς πόλεως. [40]ἐξελ θόντες δὲ ἀπὸτῆς φυλακῆς εἰσῆλ θονπρὸς τὴν Λυ-δίανκαὶ ἰδόντες παρεκάλεσαν τοὺς ἀδελφοὺς καὶἐξ ῆλθαν // [35]Quando se fez dia, *os pretores* enviaram *os oficiais de justiça*, com a seguinte ordem: Soltai aqueles. [36]Então, o carcereiro comunicou a Paulo estas palavras: Os pretores ordenaram que fôsseis postos em liberdade. Agora, pois, saí e ide em paz. [37]Paulo, porém, lhes replicou: Sem ter havido processo formal contra nós, nos açoitaram publicamente e nos recolheram ao cárcere, sendo nós cidadãos romanos e agora, secretamente, querem lançar-nos fora? Não será assim; pelo contrário, venham eles e, pessoalmente, nos ponham em liberdade. [38]Os oficiais de justiça comunicaram isso aos pretores; e estes ficaram muito assombrados, quando souberam que se tratava de cidadãos romanos. [39]Então foram ter com eles e lhes pediram desculpas; e, relaxando-lhes a prisão, rogaram que se retirassem da cidade. [40]Saindo da prisão, *dirigiram-se à casa de Lídia* e, vendo os irmãos, os confortaram. Então, partiram (At 16,35-40).

Quem detinha o privilégio de possuir o passaporte de cidadania romana conseguia fazer valer as leis romanas e defender-se diante das arbitrariedades dos magistrados locais. Paulo e Silas provaram, em Filipos, pela segunda vez, os açoites em público. A primeira vez foi em Icônio (At 14,9), quando foram apedrejados pelos judeus. O Código de Direito Romano foi o grande avanço na jurisprudência antiga, pois assegurava a todo o acusado o direito de defesa e não poderia ser condenado abusivamente.

No entanto, para os que não possuíssem esse documento de cidadania romana, os resultados diante de pequenos conflitos poderiam ser muito diferentes. Na verdade, o exemplo mais emblemático foi o processo de Jesus, quando Pilatos tentou argumentar a inocência pelo código civil romano e os judeus responderam com o código religioso deles (Lv 24,16; Jo 19,7).

A Igreja de Filipos começa com a visita de Paulo e de seus companheiros (At 16,11-40). Filipos era colônia romana com a classe de *Ius Italicum*; isto é, com privilégios especiais para seus habitantes. Depois das batalhas em que Marco Antônio e Otávio derrotam Bruto e Cássio (42 d. C.) e, alguns anos mais tarde, entre Otávio, que se tornaria o Imperador Augusto, contra Marco Antônio e Cleópatra, sobraram muitos magnatas com insígnias de vencedores. Do outro lado da mesma "moeda", havia os mutilados das guerras, os lavradores, os mineradores e os pobres.

Havia também mulheres nobres, influentes e líderes como Lídia, que era da cidade de Tiatira, na Ásia Menor (atual Turquia), mas tinha residência e loja de vendas em Filipos. Também aparecem Síntique e Evódia (4,2) como figuras de relevância na comunidade.

Do mesmo modo, havia também uma comunidade judaica de conservadores e resistentes que Paulo afirma serem falsos circuncidados ou mutilados pela mão humana (3,2). Estes criavam conflitos com os cristãos de origem pagã por causa dos preceitos alimentares. Mesmo não havendo uma organização maior (sinagoga e hierarquia religiosa), Paulo afirma que o Deus deles era o ventre, aludindo às prescrições alimentares deles (Rm 14,14-15; Gl 2,12; Cl 2,16)[45].

---

45. TURRADO, L. *Biblia Comentada* – Vol. VI: Hechos de los Apóstoles y epístolas paulinas. Op. cit., p. 615.

As origens gregas da imitação

O verbo μιμέομαι é empregado a partir do século VI a. C. em diante e, deriva da raiz *mi* "trocar", que abarca o conceito de imitar ou mimicar aquilo que outra pessoa faz[46].

O sentido da imitação, segundo Aristóteles e Demócrito, teve como primórdios a aprendizagem dos animais. Os seres humanos aprendiam dos bichos (pássaros e animais): da aranha, tecer; do "joão-de-barro", construir; do papagaio, repetir. A imitação toma forma mais direta no teatro e nas artes, onde o ator é o *mimos* ou *mímico* (de Ésquilo em diante)[47]. O voo dos pássaros conduziu os homens a construir os aviões; o canto dos pássaros sugeriu tons musicais; a teia de aranha inspirou as construções suspensas e assim por diante.

Buder se equivoca quando afirma que συμιμετής, em latim, é *imitator.* A bíblia *Nuova Vulgata* traduz por *coimitator* ou *coimitatores mei estote* (coimitadores meus sede). A LXX ρεγιστραμιμέομαι e μιμημα apenas nos textos de Sb 4,2; 9,8; 15,9 e 2Mac 9,32; 13,9.

Imitar alguém podia significar uma exigência ao seu seguimento, fazer como o outro está fazendo, ou a regra do discipulado, como era a exigência ou a queixa de Jesus: *Porque me chamais Mestre e Senhor se não fazeis o que eu digo?* (Lc 6,46).

---

46. BAUDER, W. "Miméomai". In: COENEN, L. & BROWN, C. *Dicionário Internacional de Teologia.* Vol. I, p. 587.

47. Ibid.

Se os discípulos não seguem o mestre, não sabem o que devem fazer e acabam fazendo o que não devem.

O grupo de palavras compostas por μιμέομαι etc. não ocorre em todos os escritores antigos, como em Homero e Hesíodo, mas surge e se torna comum no VI século na prosa e na poesia com o significado de *imitar, fazer mímica*. Segundo a tradição, o ser humano começa aplicar o lexema para espelhar o fazer dos animais, como a teia de aranha, a construção da casa do "joão-de-barro" etc. A imitação tem raiz na relação menor-maior. A criança busca imitar seus pais e adultos em seu ambiente, em parte por instinto, em parte por segurança. Dessa forma, a imitação no sentido natural é a arte de contemplar os animais e pássaros que repetem de modo perfeito o passado. Olhar para os animais é também aprender[48].

No aspecto antropológico a imitação assume muitos aspectos que envolvem artes, profissões, funções e modelos[49]. Todos os aprendizes buscam imitar os seus mestres, como as crianças seguem os modelos de seus pais, pois eles são os paradigmas válidos nessa fase da vida. No aspecto teológico, o cristão é uma criança que tem como modelo Cristo. Fílon fala diversas vezes comparando a procriação de filhos como uma imitação a Deus (Leg., II, 225)[50].

A imitação tem também o lado parenético como em 3Jo 11:

> [11]Ἀγαπητέ μὴ μιμοῦ τὸ κακὸν ἀλλὰ τὸ ἀγαθόν ὁ ἀγαθοποιῶν ἐκτοῦ θεοῦ ἐστιν·ὁ κακοποιῶν οὐχ ἑώρακεν τὸν θεόν // [11]*Amado, não imites o que é mau, mas o que é bom; aquele que faz o bem é de Deus; aquele que pratica o mal jamais viu a Deus* (3Jo 11).

---

48. MICHAELIS, W.B. "Μιμέομαι, μιμμητές, συμμιμηετής". In: KITTEL, G.; BROMILEY, G.W. & FRIEDRICH, G. (orgs.). *Theological Dictionary of the New Testament*. Vol. IV. 2004, 659-660.

49. Ibid., p. 660.

50. Ibid., p. 665.

Esta advertência está em íntima relação com o verso 9: Gaio não deve ser engambelado por Diotrefes, mas precisa seguir Demétrio que é elogiado[51]. Assim como os bons exemplos devem ser imitados e melhorados, os maus exemplos podem ser imitados, mas a pessoa sábia e justa não só os evita como também os desmascara.

Na cosmologia platônica, o mundo inferior é a cópia imperfeita do mundo superior ou o mundo das ideias (Timeu 38-48). Platão é o criador dessa terminologia. A realidade é como olhar a imitação da ideia; o tempo é a imitação da eternidade (χρόνου... αἰῶνα μιμουμένου (Timeu 38a)[52].

Nesse horizonte, a imitação assume um significado de um imperativo ético de ser ou fazer como alguém já fez ou ser como é alguém. Havia uma tradição antiga de imitação dos grandes mestres. Fazer como o mestre já era uma grande honra, da mesma forma que os filhos tinham como ponto de partida o exemplo dos pais; isto é, imitar as profissões do pai e da mãe.

A teoria da imitação é ensinada de modo magistral por Jesus aos seus discípulos. O discipulado compreende sempre uma relação de maior-menor. O mestre é sempre maior e o discipulado ou a imitação perfeita é ser como o mestre[53]. A pedagogia jesuânica segue os padrões dos grandes mestres gregos e suas escolas de discípulos, por isso ele não hesitava em dizer aos seus seguidores:

> [16]ἀμὴν ἀμὴν λέγω ὑμῖν οὐκ ἔστιν δοῦλος μείζων τοῦ κυρίου αὐτοῦ οὐδὲ ἀπόστολος μείζων τοῦ πέμψαντος αὐτόν // [16]Em verdade, em verdade vos digo: não é o servo maior que o senhor dele, nem o enviado maior do que aquele que o enviou (Jo 13,16).

---

51. Ibid., p. 666.

52. Ibid., p. 667.

53. Cf. MAZZAROLO, I. *Lucas em João* – Uma nova leitura dos evangelhos. Op. cit., p. 80-81.

> [40]οὐκ ἔστιν μαθητὴς ὑπὲρ τὸν διδάσκαλον κατηρτισμένος δὲ πᾶς ἔσται ὡς ὁ διδάσκαλος αὐτοῦ // [40]Não é o discípulo mais que o mestre, todo [discípulo] será perfeito quando for como o seu mestre (Lc 6,40).

> [46]Τί δέ με καλεῖτε κύριε κύριέ καὶ οὐ ποιεῖτε ἃ λέγω? // [46]Porque me chamais Senhor, Senhor, e não fazeis o que eu digo? (Lc 6,46).

Os textos não apresentam dificuldades do ponto de vista da crítica textual. Lucas usa a expressão adverbial ὑπὲρ que poderia ser traduzida por "acima de", mas como a construção é com o acusativo, o sentido é "mais que", sempre que há uma relação comparativa entre dois elementos[54]. Assim a tradução não é "sobre", mas "mais que". João usa o termo μείζων, deixando mais clara a relação maior-menor, inclusive, numa dupla relacionalidade: servo-senhor, enviado-emissor[55].

Jesus adota na escola do discipulado as mesmas regras dos grandes mestres e sábios da Antiguidade. É muito lógica a pedagogia de Jesus: o discípulo só é discípulo enquanto estiver nas pegadas do mestre, pois, no momento em que ele quiser ultrapassar, já não será discípulo, mas outro mestre, outro líder. Nessa perspectiva, estão todas as linhas e doutrinas do discipulado ou da *pedagogia do exemplo*. A relação servo-senhor ou discípulo-mestre está consagrada na tradição patriarcal bíblica, nas grandes escolas filosóficas greco-romanas, nas culturas e tradições paralelas de outros povos e mesmo nas tribos indígenas.

A imitação de um exemplo ou arquétipo já existente é um princípio da aprendizagem. Não precisa inventar o ovo se ele já existe, por isso, trata-se de aprender primeiro e, depois, a par-

---

54. BLASS, F. & DEBRUNNER, A. *Grammatik des Neuestestamentlichen Grieschsch*, 2001, p. 230.

55. Cf. MAZZAROLO, I. *Lucas em João* – Uma nova leitura dos evangelhos. Op. cit., p. 81.

tir do que já foi descoberto, inovar, criar e modificar. O verbo *aprender* (μανθάνειν) está ligado ao verbo *imitar* que seria a própria arte dos animais e pássaros os quais imitam o jeito típico dos ancestrais. Jesus e Paulo utilizam este verbo μάθετε (imperativo plural = *aprendei*) nas suas admoestações (Mc 13,28; Mt 9,13; 11,29; 24,32; 1Cor 14,31; 1Ts 2,11) e o substantivo μαθητής, muito presente na relação com a aprendizagem. Μανθάνειν assume três sentidos principais: a) Aprender algo junto a alguém; b) Reconhecer e entender; c) Experienciar algo com alguém[56]. *Assim diz Yahweh: Não aprendais o caminho dos gentios, nem vos espanteis com os sinais dos céus, porque com eles os gentios se atemorizam* (Jr 10,2).

A imitação, entre os antigos, empreendia as diversas maneiras da aprendizagem, começando pela arte da repetição, enfatizando as diferentes profissões artesanais, tomando por base as diferentes partes do corpo e suas funções como modelos da atividade φοιχαφύσιν ἀνθρώπου μιμέονται[57]. Por outro lado, a arte de fazer cópias de imagens, figuras ou algo da realidade, seguidamente, é chamada de arte de imitar, mesmo que para muitos pensadores seja um conceito inadequado.

Em Platão e nas escolas posteriores, a *imitação* desempenhou um grande papel no aspecto da relação com a cosmologia. Os deuses imortais criaram o cosmos e a vida e, nesse olhar da ação dos deuses, surge o desejo e a ação humana de imitação do divino criador. Nesse aspecto, Platão desperta para a contemplação do mundo de baixo as suas imperfeições e finitude e compara com o mundo do alto, perfeito e eterno. Tudo o que

56. BAUER, W. "Manthánô". In: *Wörterbuch zum Neuen Testament*. Op. cit., p. 969.

57. MICHAELIS, W.B. "Μιμέομαι, μιμμητές, συμμιμηετής". In: KITTEL, G.; BROMILEY, G.W. & FRIEDRICH, G. (orgs.). *Theological Dictionary of the New Testament*. Vol. IV. Op. cit., p. 660.

acontece neste mundo é como a sombra do mundo do alto ou das ideias.

Essa linha de reflexão vai encontrar eco também na mística helenística, nos postulados dos estoicos. Em todo o mundo antigo, a cosmologia desempenhou um papel muito importante como elemento ou elementos de imitação. Segundo Platão, a terra e a mulher geram a vida de modo semelhante (*Menex.*, 238a): οὐ γὰρ γῆ γυναῖκα μεμίμηται κυήσει καὶ γεννήσεί ἀλλὰ γυνὴ γῆν, refere uma conexão cosmológica e antropólogica[58].

Plutarco (*Aud.*, 6 (II, 40b) faz um paralelismo entre μιμέομαι eζηλόω (cf. II, 877, 882)[59]. Essa aproximação é percebida numa variante da 1Pd 3,13: [13]Καὶ τίς ὁ κακώσων ὑμᾶς ἐὰν τοῦ ἀγαθοῦ ζηλωταὶ γένησθε (Qual de vós [é] malfeitor se se torna zeloso [imitador] do bem)? Os manuscritos K L P 69 𝔐 vg[m] substituem ζηλοται, por μιμηται[60]. Fílon utiliza o lexema μίμημα para expressar a ideia cosmológica original e a cópia do mesmo nas realidades terrestres. O mundo de cima é modelo. Nessa visão ética, a meta suprema do ser humano é imitar Deus, mesmo que muitas vezes essa imitação não seja totalmente consciente.

Nesse caminho da relação entre o alto e o baixo, entre a virtude e o pecado, a terceira carta de João tem um paradigma ético: μὴ μιμοῦ τὸ κακὸν ἀλλὰ τὸ ἀγαθόν (3Jo 11), *não imitar o mal, mas o bem.*

No NT, especialmente em Paulo, a imitação assume o caráter do reconhecimento da autoridade, de algo que foi transmitido e implica o exemplo a ser imitado. O *typos* (τύπος) não tem a mesma importância que μιμεῖθαι. O τύπος aproxima-se mais de algo que é transmitido de uma geração anterior (παράδοσις)

---

58. Ibid., p. 661.

59. Ibid., p. 662.

60. NESTLE-ALAND. *Novum Testamentum Graece.* 28. ed. Stuttgart: Deutsche Bibelgeselschaft, 1914. Nota referente a 1Pd 3,13.

como se encontra no Sl 78,3-4. Contudo, podemos admitir que Paulo é uma tipologia para os Filipenses, um exemplo a ser seguido. Em 3,17 μιμετής e τύπος podem ser considerados sinônimos e ambos visam provocar a consciência de imitação a Paulo como ele está imitando a Cristo.

Numa reflexão mais aprofundada, poderíamos afirmar que o exemplo de Paulo está fundamentado no exemplo de Jesus; em outras palavras, Jesus também imitou o Pai, o Deus da esperança e da consolação enquanto curava, exortava, ensinava e reincluía os excluídos do povo por leis humanas (cf. Rm 15,5). Quando Ele curava em dia de sábado e era criticado pelos judeus, respondia que fazia aquilo que o Pai fazia (Jo 5,17). Esse é um lema comum para os cristãos.

A imitação de Cristo encontra suporte em Paulo, mas a imitação no contexto místico depende do exemplo de Jesus que imita o Pai.

Paulo e a coimitação, Fl 3,17

Paulo tem como espelho clarividente Jesus, o crucificado, o ressuscitado, o Senhor, escândalo para os judeus e loucura para os gregos (1Cor 1,22-25). Ele tem como meta seguir de modo mais perfeito possível aquele que o resgatou da vida de pecado e da escravidão da lei (Gl 3,8-14).

A Igreja de Filipos, devido aos grandes desiquilíbrios sociais entre magnatas das minerações, militares de altas patentes do exército romano, portadores de privilégios de conquistas de batalhas greco-romanas contra inimigos persas, trácios e outros, e a grande parte da população que era uma *ninguenzada,* gente "informe e vazia", sem teto, sem identidade e, mesmo estando na própria pátria, era como se fossem estrangeiros, sem direito a emprego ou a uma profissão digna da condição e trabalho de acordo com a qualificação profissional (cf. 1Pd 2,11). Esses abismos sociais acentuaram-se depois da batalha de Filipos entre Cássio e Bruto contra Marco Antônio e Otaviano, em 42 a. C. Cássio e Bruto foram derrotados e Filipos aumentou o contingente de militares que permaneceram na cidade.

Não podemos duvidar de que havia pessoas de boa vontade, mas que, mesmo empenhadas no evangelho, esqueciam de pensar em Cristo e pensavam mais nelas mesmas, como foi o caso de Cefas e Apolo em Corinto (1Cor 1,10-16), como também alguns invejosos em Filipos, os quais anunciavam o evangelho por porfia, esperando que Paulo tivesse seu fim rápido na prisão (Fl 1,17).

Em relação à provável rivalidade entre Síntique e Evódia em Filipos (4,2), o caso pode ter sido levemente diferente: uma competia com a outra no intuito de se tornar mais conhecida, angariar mais simpatizantes ou coisa semelhante. Paulo precisou dar orientações específicas a Sízigo, para que as ajudasse a colocar Cristo como centro do anúncio e da missão.

Fazer uma proposta cristã, de acordo com o evangelho de Jesus Cristo, num ambiente pagão, com muitos vícios, costumes e divisão de classes, não era uma tarefa fácil. Imaginemos fazer uma pregação aos gregos e aos romanos, buscando persuadi-los a fim de que pudessem imitar os seus deuses. Isso seria um fracasso perfeito; eles não se encorajariam jamais a buscar o transcendente, o perfeito e o incomparável que eram as divindades. Estas deveriam ser invocadas e cultuadas, pois o frágil e efêmero (o ser humano) não poderia pretender a perfeição do eterno.

A diferença do cristianismo para as religiões dos mitos é que Deus, na pessoa de Jesus de Nazaré (o Lógos) assumiu a natureza humana (Jo 1,14) e assumiu em tudo a parte da matéria, menos o pecado (Hb 4,15). O Lógos tinha a sua condição divina (Jo 1,1-3), mas não se apegou a essa condição ao assumir a condição de serviço na proposta de Deus Pai (Fl 2,6-8). Um mito (uma divindade helenística) não poderia assumir a condição da fragilidade humana, pois deixaria de ser Deus.

A imitação, em Paulo, assume o sentido de apropriação das características do modelo proposto. Em tese, é reproduzir na vida real a figura ou arquétipo colocado como ideal, como meta.

A imitação pode referir-se às qualidades específicas ou aos atos da pessoa referida (2Ts 3,7.9) ou pode ser a menção a um εἷς (Dt 6,4), modo integral de vida (1Cor 4,16; Fl 3,17). Para a *imitação* de Deus, Cristo, o Apóstolo e outros exemplos indicam os aspectos importantes da obediência na direção de quem é maior ou da autoridade[61].

> Συμμιμηταίμου γίνεσθέ ἀδελφοί, καὶ σκοπεῖτε τοὺς οὕτω περιπατοῦντας καθὼς ἔχετε τύπονήμᾶς // *Irmãos, tornai-vos coimitadores meus e observai os que assim andam, conforme o tipo (exemplo) que tendes em nós* (Fl 3,17).

Passagem do μου (de mim) para η'μας (nós) chama a atenção. Tornai-vos imitadores *meus* (de mim)... conforme o tipo (modelo) que tendes *em* nós. Para tanto era imperativo que se tornassem *observadores,* não só na pessoa do Apóstolo, mas em todos aqueles que já estavam firmes nessa *sequela Christi.* O *nós* pode ser um plural "majestático", mas pode igualmente ser um envolvimento e uma inclusão de muitos outros que não duvidavam mais do exemplo e do testemunho recebido, consequentemente, já eram *tipos* e modelos para os outros que estavam começando a caminhada. O lexema σκοπέωεξιγε é um olhar aguçado e aprofundado, capaz de perceber e entender os detalhes, para descobrir aspectos novos que permitam decisões adequadas e corretas.

Esse olhar diferente era necessário para perceber que havia mais amigos que já estavam na trilha de Paulo. Para os ouvintes da primeira vez, ele se colocava como o convocador, mas depois, como tipologia, havia outros, talvez Silas, Timóteo, Lucas, Apolo entre tantos.

Na motivação aos Filipenses, encontram-se quatro aspectos importantes: a) a imitação; b) o reconhecimento da autoridade através da observação σκοπέω; c) a forma de conduta a ser adotada περιπατέω; d) o modelo ou τύπος. O verbo σκοπέω é fundamental na perspectiva da percepção, da observação e da

---

61. BALZ, H.R. & SCHNEIDER, G. *Exegetical Dictionary of the New Testament.* Vol. 2, p. 428-429.

compreensão das coisas em geral. Mais importante, no entanto, é quando se trata de perceber aspectos sutis de formas específicas de comportamento e ação. Imitar é traduzir da forma mais perfeita possível algo que serve como *tipologia*, modelo. Se o modelo é uma configuração de comportamento e conduta, a imitação será esse novo jeito de viver, de relacionar-se e de conviver.

O lexema τύπος não é tanto um padrão a ser copiado, porém mais um exemplo a ser seguido, conforme Fl 3,6. No texto Fl 3,17, Paulo é o primeiro exemplo para os Filipenses diante do qual eles poderiam ter um juízo na forma de conduta. Assim que os Filipenses compreendessem e aceitassem o convite de imitá-lo, eles o teriam como o verdadeiro τύπος para o seu próprio agir e conviver. Além disso, sob a esguelha missionária, eles estariam conectados com toda a tradição apostólica das outras Igrejas[62].

A maioria das traduções das bíblias e dos comentários bíblicos modernos usa συμμιμηται por *imitadores*, ignorando o prefixo ou a conjunção σὺν (com). A interpretação correta é a da versão latina *coimitatores mei estote* (Nova Vulgata).

Irmãos, *sede imitadores meus* (Fl 3,17); *segui o meu exemplo* conforme o τύπος que tendes em nós (Fl 3,17)[63]. "Uni-vos aos outros segundo o meu exemplo"[64]. Trata-se de um imperativo na *imitação* dele em distinção aos outros exemplos que eles tinham à disposição. Os outros podiam não ser uma *tipologia* perfeita de imitação a Cristo, mas Ele, de fato, estava muito próximo do discípulo perfeito.

---

62. GOPPELT, L. *Theologal Dictionary of New Testament*. Vol. VIII, 1972, p. 254.

63. Não iremos discutir as traduções nas línguas modernas, pois são raríssimas as bíblias que traduzem o lexema corretamente.

64. FEE, G. *Paul's Letter to the Philippians*, 1995, p. 362.

A convocação é geral, para todas as Igrejas que ele funda: buscar Jesus Cristo do jeito que ele seguia. Há autores que veem nisso uma faceta orgulhosa de Paulo, mas isso não pode ser endossado. Paulo afirma que a sua estima pelos Filipenses era porque eles se tinham tornado participantes da vida dele, também nas suas prisões, por causa da defesa do evangelho (1,7). Essa imitação de Cristo, além das prisões, produzia dois efeitos bastante distintos: a) De um lado estavam os inimigos que se alegravam com a vergonha e o sofrimento impostos ao Apóstolo; b) De outro estavam os frutos positivos dessas humilhações, pois a sua tenacidade e audácia transformavam as cadeias num terreno propício ao evangelho – "Irmãos, quero que saibais que aquilo que me aconteceu resultou em progresso para o evangelho e minhas prisões se tornaram conhecidas em Cristo por todo o pretório e por toda a parte" (1,12). E foi numa dessas ocasiões que ele encontrou o Onésimo, um escravo de Filêmon, e na cadeia o transformou em cristão mudando-o da escravidão para a liberdade (Fm 10-11).

Nesse processo de evangelização poderia haver momentos de amor-próprio, diante de toda a trajetória paradoxal, como ele próprio narra na Segunda Carta aos Coríntios (2Cor 11). Não obstante sua estatura no evangelho e na imitação a Cristo, ele é enfático no seu testemunho: *Se preciso gloriar-me, é na minha fraqueza que me gloriarei* (2Cor 11,30); ou também outra afirmação: *Para mim, anunciar o evangelho não é uma questão de orgulho ou vaidade, antes, é um imperativo – Ai de mim se não evangelizasse* (1Cor 9,16). Poderíamos interpretar essa máxima como um lema de vida: evangelizar, instruir, despertar e comprometer nas relações fraternas, comunitárias e, de modo extensivo, a todo o universo (Mt 28,18-20).

Imitar a Cristo, *coimitando* Paulo, significava enfrentar os inimigos da cruz de Cristo (3,18), ter a força e a inspiração para suportar as contradições, as ofensas e o desprezo, muitas vezes, da parte dos próprios irmãos (2Cor 12,26). Paulo não quer andar sozinho nessa estrada e por isso insiste nas convocações dos cristãos que já conheciam o evangelho. Ele, seguidamente, referia seus companheiros como modelos e exemplos e, nesse caso, Timóteo (2,22-24) e Epafrodito (2,25-26).

O verbo *miméomai* (imitar) teria o significado da repetição, da reduplicação ou do eco do que foi visto ou ouvido da geração anterior devendo ser transmitido à geração seguinte (Sl 78,3-4; 1Jo 1,2; 5,20). *Miméomai* ocorre quatro vezes no NT (2Ts 3,7. 9; Hb 13,7; 3Jo 11); *mimêtês* seis vezes (1Cor 4,16; 11,1; Ef 5,1; 1Ts 1,6; 2,14; Hb 6,12) e συμμιμητης apenas em Fl 3,17 é um *hápax* bíblico. Não se encontra em nenhum texto, quer na LXX, quer nas versões gregas do NT.

Junte-se com outros no seguimento do meu exemplo[65]. Essa interpretação é correta, visto que pressupõe um seguimento coletivo pautado na conjunção σὺν (com). Trata-se de ser, estar, caminhar, testificar *com alguém, em conjunto*. Essa é a especificidade da parênese συμμιμεται μου (3,17). É seguir ou imitar alguém junto com outro ou outros, pois todos estão juntos visando imitar Jesus de Nazaré, o Homem de Nazaré, o Jesus histórico nas plagas da Palestina.

Paulo, depois do seu encontro com o Senhor no caminho para Damasco (At 9,1-9), viveu com a máxima intensidade a busca pelos bens supremos e pelo centro de todas as coisas a fim de não objetivar seus próprios interesses, mas os interesses de muitos. Aos Coríntios (1Cor 9,19-23) ele se coloca como modelo por não se submeter aos esquemas dos ritos e mitos, mas pela liberdade e pela audácia de seguir Jesus Cristo, o exemplo supremo de imitação. Nessa vereda da imitação, está também a

65. KENT JR., H.A. "Philippians". In: *Ephesians through Philemon*. Op. cit., p. 147.

humilhação da diaconia daquele que se fez servo até os limites extremos, mas de modo livre e fiel (Fl 2,7-8)[66].

No caminho da *imitação,* é mister ter um foco, uma motivação e uma proposta para colocar como meta aos seguidores os quais devem ter em conta o mesmo estandarte para pôr diante de si. Ao dizer, aos seus ouvintes e leitores, *segui-me*, Paulo está propondo uma via espiritual como metáfora da forma de vida a ser assumida pelos fiéis e, nada mais digno e justo que a imagem do próprio Cristo[67]. Paulo convoca para que os Coríntios o imitem, mas a sua intenção é que eles imitem a Cristo (1Cor 11,1). Essa atitude livre dos cristãos (1Cor 10,23-11,1) é também o caminho para a glória de Deus, pois é a revificação do exemplo de Cristo[68]. A imitação se refere a um ato contínuo e, nesse contexto, Paulo trata de modo afetuoso os simpatizantes, chamando--os de τέκνα (filhos), enfatizando a relação de familiaridade e, ao mesmo tempo, pertença à família de Deus. Sem humildade não há imitação[69].

A fé é um requisito fundamental na imitação do caminho da religiosidade. A fé dos líderes é exemplar, pois, em muitos casos, a fé em Cristo os levou até o martírio[70].

Os Filipenses estão educados a imitar Paulo, mesmo na sua ausência. Sede meus imitadores, pois não vos ensinei apenas com palavras, mas também com o exemplo[71]. Imitar ou coimitar não significa obedecer, como diversos autores entendem.

---

66. MacARTHUR, J.F.Jr. *First Corinthians*. Op. cit., p. 172.

67. MacARTHUR, J.F.Jr. *Philippians*. Chicago: Moody, 2001, p. 255.

68. BALZ, H.R. & SCHNEIDER, G. *Exegetical Dictionary of the New Testament*. Op. cit., p. 429.

69. Ibid.

70. Ibid., p. 432.

71. CRISOSTOMO, J. "Comentario a la Carta a los Filipenses". In: *La Biblia Comentada por los Padres de la Iglesia*. Vol. VIII.

Mesmo nas exortações aos Coríntios, não vejo uma parênese visando à submissão, mas sim, ao reconhecimento de uma forma de conduta diferente a ser assumida de modo livre e maduro (1Cor 4,16; 10,32).

Paulo deseja que os mesmos sentimentos, percepções e conduta que expressam o ser de Jesus Cristo estejam nos Filipenses (Fl 2,5) e que os mesmos possam seguir o seu exemplo como ele seguia Jesus Cristo (Cl 2,8).

Imitar, para muitos humanistas, não é uma atitude nobre ou válida por gerar dependência, submissão ou carência de liberdade. No entanto, imitar é interpretar de maneira hermenêutica, reconstruir o paradigma proposto do melhor modo, no contexto próprio e no tempo, adequando onde alguém vive e age. Imitar a Cristo nas sendas de Paulo não é anular a própria liberdade e autonomia, mas assumir de modo livre a contextualização desse exemplo para os tempos e momentos diversos.

Irmãos, *sede meus imitadores* e atentai para aqueles que andam conforme o exemplo que tendes em nós. Isso pode ser comparado com o trecho de 1Cor 11,1, que é passagem muito similar a esta, e onde se desenvolve o tema da importância e do poder do exemplo. "...imitadores..." Temos aqui uma correta tradução do vocábulo grego συμμιμηται (*symmimetai*), que é melhor do que seguidores, embora qualquer pessoa que imite outrem seja necessariamente seu seguidor quanto ao padrão de vida em geral[72]. Champlin, no entanto, não percebeu a importância da conjunção σὺν que agrega um significado fundamental para o contexto da expressão, que não é apenas imitar, mas *imitar com alguém, em conjunto.*

Paulo, ao arguir a sua coimitação, estava afirmando que era possível imitar a Cristo, mas não de forma isolada ou autônoma e sim em companhia.

---

72. CHAMPLIN, R.N. "Filipenses". In: *O Novo Testamento interpretado versículo por versículo*. Vol. V, 1995, p. 55.

Na chamada alta cristologia (Fl 2,9-11), o lugar de Jesus Cristo, exaltado e glorificado como Filho amado de Deus, se tornaria inacessível. No entanto, na baixa cristologia (Fl 2,5-8), qualquer pessoa pode imitar, repetir ou assumir o seu exemplo. Podemos entender que Paulo está mostrando a possibilidade concreta da imitação ou do seguimento das pegadas do Mestre. Se alguém acreditasse ser difícil ou impossível, era só olhar para ele e ver como essa experiência de vida seria possível. Imitar Paulo, na verdade, seria imitar a quem ele estava imitando, por isso, ele era o caminho direto para Jesus. Nesse sentido, o apelo à imitação não era uma egolatria, mas uma forma antropológica e teológica de *sequella Christi.*

Paulo recomenda aos Filipenses observar aqueles que andavam como ele (3,17). Havia mais pessoas que já estavam andando com ele; portanto, tratava-se de fitar o olhar naqueles que tinham nele o modelo de seguimento (σκοπεῖτε). Usando o plural "nós", ele está envolvendo Timóteo e Epafrodito a quem ele tinha muito apreço e estima e eram bem conhecidos pela Igreja de Filipos (2,19-30). Paulo tinha sido o mestre e o pai espiritual de ambos, mas agora ele os inclui como tipologias no testemunho do seu trabalho.

Os Filipenses olhavam para Paulo e depois miravam para Jesus. Paulo é arquétipo catequético enquanto se coloca como ponte entre o povo e Jesus. Os crentes necessitam de exemplos para modelar-se na humildade e nos caminhos da diaconia[73].

A tipologia está em qualquer religião. Paulo, no quarto capítulo da Carta aos Romanos, coloca Abraão como o verdadeiro τύπος (*typos*) em três aspectos:

a) é o arquétipo da fidelidade à Aliança;

b) é o arquétipo da fé;

c) é o arquétipo da justificação[74].

---

73. MacARTHUR, J.F.Jr. *Philippians.* Op. cit., p. 262.

74. MacARTHUR, J.F.Jr. *Romans 1-16*, 1994, p. 243.

Abraão, nascido em Ur, na Mesopotâmia, não era circuncidado, não era judeu e, na condição de pagão, foi chamado por Deus para ser o modelo de seguimento fiel a Deus. Ao estabelecer a aliança com ele, disse-lhe apenas: *Anda na minha presença e sê perfeito* (Gn 17,1). Deus não impôs condições, mas fez uma solicitação de andar sempre perto, junto, "de mãos dadas" com Ele e o resto viria por acréscimo. Não eram leis que iriam assegurar a aliança e a perfeição, mas a proximidade, as mãos dadas e sempre face a face, olhos nos olhos.

Podemos dizer que Paulo, depois da visão do Senhor, no caminho para Damasco (At 9,1-6), tinha sempre seus olhos fitos naquele que só ele viu e só ele ouviu. Não havia mais nada além do Cristo (1Cor 9,1-2); andava sempre à sua frente, estava sempre de mãos dadas com Ele como amigo inseparável. Nessa *scia* é que está a parênese ou a provocação da imitação.

Paulo tornava-se um modelo (*typos*) de seguimento, visto que, por causa de Cristo, ele aceitou perder tudo, ou seja, o que era para ele o máximo, agora se tornara *esterco* (3,8). No grego se lê a palavra *typos* que quer dizer impressão visível, cópia, imagem, padrão, modelo. Paulo dava a outros o modelo da vida moral e espiritual, incorporando os elementos essenciais do que significa alguém ser discípulo de Cristo, posto que o próprio Cristo é o modelo perfeito.

Τύπος (originalmente, significava impressão deixada por uma "pancada", marca ou impressão[75]; daí passou a indicar qualquer forma de imagem, cópia ou modelo. É a marca da imagem de Cristo deixada na vida de Paulo no encontro que ele teve com o Ressuscitado no caminho para Damasco (At 9,1-9). Nessa visão, ele estabelece uma *aliança com Cristo* e não quer

75. BAUER, W. "Typos". In: *Wörterbuch zum Neuen Testament*. Op. cit., p. 1.642.

rompê-la ou comprometê-la de jeito nenhum, como ele próprio afirma escrevendo aos Gálatas:

> [18]Porque, se torno a edificar aquilo que destruí, a mim mesmo me constituo transgressor. [19]Eu, pois, mediante a própria lei, morri para a lei, a fim de viver para Deus. Estou crucificado com Cristo; [20]logo, já não sou eu quem vive, mas Cristo vive em mim; e esse viver que, agora, tenho na carne, vivo pela fé no Filho de Deus, que me amou e a si mesmo se entregou por mim. [21]Não anulo a graça de Deus; pois, se a justiça é mediante a lei, segue-se que morreu Cristo em vão (Gl 2,18-21).

Paulo morreu para a Lei mosaica e ele faz um contraponto entre a rigidez da *Torah* e a liberdade do evangelho[76]. A justificação não acontece mais pela Lei ou pela prática de seus ritos, mas pela fé em Jesus Cristo e pelo compromisso com a sua missão, essa superação de paradigmas antigos que se torna imperativa com o advento do evangelho. Nisso ele faz referência ao exemplo negativo de Pedro na Antioquia, o qual demonstrou incapacidade de coerência e radicalidade no caminho de Jesus Cristo. Ser justificado é ser declarado correto diante de Deus e tornar alegre o estar próximo de Deus[77].

Paulo não tem dúvidas e nem medo diante daqueles que representavam a autoridade no apostolado. Leva em consideração o acordo de Jerusalém e o compromisso de levar o evangelho aos pagãos, não mais pela garantia das obras da lei, mas pela fé em Jesus Cristo[78].

Nessa perspectiva, Paulo tem clareza da fidelidade, da responsabilidade e de uma aliança feita no íntimo do coração.

---

76. MATERA, F.J. *Galatians*, 1992, p. 98.
77. FUNG, R.Y.K. *The Epistle to the Galatians*, 1986, p. 112.
78. GONZAGA, W. *A verdade do evangelho e a autoridade na Igreja*, 2014, p. 261.

Nada poderia fazê-lo romper esse pacto com Deus e com Jesus Cristo: o sofrimento, a dor, a perseguição, a morte ou outras coisas ruins. *Se Deus está conosco, ninguém nos vencerá* (Rm 8,31-35). Mesmo nas apologeses com os outros apóstolos, ele não cedia e não desistia de nada e se defendia das diversas acusações afirmando que ele tinha visto o Senhor (1Cor 9,1-2). Essa radicalidade e essa forma de estabelecer a aliança com o Senhor Ressuscitado eram fatores inegociáveis e, para ele, deveriam ser os princípios de todos os que abraçassem o evangelho (cf. Gl 1,6-10).

E, não havia dificuldades porque Jesus deixou claro o caminho: *quem quer ser o maior, seja aquele que serve*, pois o Filho do Homem não veio para ser servido, mas para servir e dar sua vida em resgate por muitos (Mc 10,41-45). E, à luz dessa máxima de Jesus, Paulo traduz o ensinamento com outras palavras:

> [3]μηδὲν κατ᾽ἐριθείαν μηδὲ κατὰ κενοδοξίαν ἀλλὰ τῇ ταπεινοφροσύνῃ ἀλλήλους ἡγούμενοι ὑπερέχοντας ἑαυτῶν,[4] μὴ τὰ ἑαυτῶν ἕκαστος σκοποῦντες ἀλλά καὶ τὰ ἑτέρων ἕκαστοι. [5]Τοῦτο φρονεῖτε ἐν ὑμῖν ὃ καὶ ἐν Χριστῷ Ἰησου // [3]Nada por competição, nada por "*vã glória*", mas com humildade, julgando cada um o outro superior a si próprio; [4]cada um não olhe só para si, mas para o outro. [5]Seja em vós o que estava em Cristo Jesus (Fl 2,3-5).

A pedagogia do exemplo que estava em Jesus é assimilada de modo muito forte e determinado por Paulo. Ele acreditava que era possível seguir de perto as pegadas de Jesus e não havia outro caminho senão a assimilação perfeita dos seus ensinamentos e exemplos: *Entendestes o que eu fiz? Vós me chamais Mestre e Senhor e, fazeis bem... Dei-vos o exemplo para que, assim como eu fiz, vós também façais* (Jo 13,12-15).

A diaconia e o serviço (Mc 10,45) caracterizaram todo o perfil missionário de Jesus e a assistência ou presença do

Espírito Santo que o sustentaram diante do sofrimento e da paixão. Na mesma vereda, andava Paulo de modo radical não temendo os sofrimentos e as perseguições (2Cor 11,21-33). E, mesmo assim, ousava afirmar que para ele *o viver era Cristo e o morrer era lucro* (Fl 1,21). Nessa dinâmica da associação a todas as experiências de Cristo, dentre elas o sofrimento, haviam aproximado os Tessalonicenses dessa páscoa de Cristo e dos cristãos da Judeia (1Ts 2,14). A coimitação associa os simpatizantes a todas as experiências do modelo ao qual estão mirando. Não raro, em toda a caminhada de Paulo e, suas exortações duas atitudes são indissociadas: a resistência e a perseverança.

Συμμιμηταί μου γίνεσθε (3,17) tem um significado especial na dimensão do exemplo: Fazei como eu faço, andai como eu estou andando, reconhecei como verdadeiro o que vos disse e acreditai naquilo que vos ensinei. Estaria sendo passada não apenas uma teoria, mas uma forma de vida expressa no verbo περιπατέω. Talvez seja nesse sentido que Paulo também exortou os Coríntios, pois o imitar exige também a memória: Por esta razão, vos mandei Timóteo, que é meu filho amado e fiel no Senhor, o qual vos recordará os meus caminhos em Cristo Jesus, como, por toda parte, ensino em cada Igreja (1Cor 4,17). Andai, assim como eu ando, nos caminhos do Senhor.

Nunca é Paulo o centro das atenções, mas o Senhor Jesus: Τοῦτο φρονεῖτε ἐν ὑμῖν ὃ καὶ ἐν Χριστῷ Ἰησοῦ (Fl 2,5). O verbo φρονέω é bastante complexo e o significado, aqui, é múltiplo. Não se trata apenas de pensar ou raciocinar, mas, acima de tudo, de conceber. Aquilo que Jesus concebeu, da forma como Ele entendeu a vontade do Pai, isso seja em vós, uns para com os outros.

Assim como Paulo, os primeiros cristãos que beberam das fontes originais, como atesta Lucas no seu prólogo a Teófilo, fundamentavam seus ensinamentos a partir de um arquétipo inquestionável: *as testemunhas oculares dos acontecimentos* (Lc 1,2). Entre essas testemunhas havia muitas mulheres que acompanharam Jesus desde os primeiros momentos de sua missão até Jerusalém (Lc 8,1-3; 9,1-6). Todos devem ter ouvido mais vezes da boca do Mestre essa exortação: *Assim como o Pai, que vive, me enviou, e igualmente eu vivo pelo Pai, também quem de mim se alimenta por mim viverá* (Jo 6,57).

O seguimento tem também a face da contemplação. Jesus contemplava o Pai e fazia o que via o Pai fazer (Jo 6,19), e Paulo provocava os cristãos à contemplação de Cristo mostrando no seu jeito a forma da prática da doação e da diaconia discipular.

A observação da tipologia é a percepção das diferenças nos outros e os aspectos belos que os outros podem ensinar. O belo e o bom ressaltam os aspectos da dignidade e grandeza do outro que merece ser tratado sempre como superior (2,4). Da parte de quem observa está a humildade e da parte de quem é contemplado está o tratamento distinto.

A humildade (ταπεινοφροσύνη) não pode ser apenas a relação com Deus ou com alguma autoridade, mas a atitude constante na direção dos irmãos menores, dos mais simples e pobres. Esse modelo está no próprio Cristo que assumiu a condição humana de modo radical até à condição de servo crucificado (2,8).

As motivações da coimitação

A Igreja de Filipos estava dentro do contexto das Igrejas do Império Romano. Nessas regiões, as realidades sociais percebiam duas situações desde o seu nascimento: a) As perseguições e prisões; b) As diferenças sociais gritantes, pois, enquanto de um lado havia uma elite abastada (At 16,19-40; 17,4), do outro havia a extrema pobreza (2Cor 8,2; 1Ts 1,6; 2Ts 1,4).

As motivações para a *coimitação* estão em diversos lugares e de formas variadas. Algumas vezes, o apelo é feito em primeira pessoa, afirmando que ele se tornava um tipo de seguimento possível.

Não apenas na Carta aos Filipenses, mas em todos os escritos de Paulo, percebe-se uma nítida associação entre *fé e práxis social*, entre evangelho e política, entre religião e engajamento concreto na construção da justiça, entre espiritualidade e ritos celebrativos, entre comunidade cristã e comunidade sociopolítica. O lugar teológico de Paulo está pautado na clareza da cidadania de todos os indivíduos e não há como dissociar evangelho e cidadania universal.

A ética paulina, na sua carta da amizade para com os Filipenses, tem alguns elementos importantes. Quando alguém faz a proposta de outro modelo ético, tem em vista a substituição do existente, em certo sentido, a superação deste pelo novo. Nessa proposta podem-se destacar três passos:

1) A *atenção*. No primeiro momento Paulo busca chamar atenção dos Filipenses falando da amizade e dos aspectos positi-

vos que envolviam o próprio relacionamento. Faz um elogio e um pedido a fim de que o amor deles cresça cada vez mais (Fl 1,3-11). Em seguida, faz uma exposição sobre a própria situação como alerta diante de invejosos, opositores e sofrimentos.

À medida que eles acreditassem em Cristo, perceberiam uma forma de seguimento juntamente com Paulo, e todo o seu trabalho não se tornaria em vão (2,16). A corrida pelo evangelho tinha objetivos claros, exigia renúncias, sacrifícios, lutas de toda a sorte, mas o resultado estava na responsabilidade dos seus receptores que, nesse caso, são seus grandes parceiros e amigos (1,7).

2) A *dissuasão*. Inicialmente, o Apóstolo informa seus leitores sobre sua própria situação (1,12-20) e faz alguns apelos sobre a necessidade de evitar os contatos com os maus elementos da comunidade e o imperioso compromisso da unidade e a dignidade da nova vida em Cristo (1,25-2,4). Ele tenta dissuadir os Filipenses dos maus operários, do comportamento indigno de cristãos e da necessidade de precaver-se diante de todas as propostas contrárias ao evangelho por ele anunciado (3,2-16).

Adverte dos perigos dos cães, dos maus operários e dos mutilados ou falsos circuncidados (3,2).

3) O *encantamento*. Viver a vida digna do evangelho de Cristo (1,27); a vocação do alto (3,14) e a pátria daqueles que creem que não é terrena, mas celeste (3,20). É a pátria celeste que gera o encantamento necessário para superar as dificuldades de cada dia, pois nela está o fim último do ser humano. Para alcançar essa pátria, é importante a solidariedade e a fraternidade como formas de vida quotidiana. Nisso o Apóstolo insiste: *Alegrai-vos no Senhor* (Fl 4,4).

O encantamento por Cristo não se esgota no sofrimento, na dor ou na perseguição.

> [31]Que diremos, pois, diante destas coisas? Se Deus é por nós, quem será contra nós? [32]Aquele que não poupou o seu próprio Filho, antes, por todos nós o entregou, porventura, não nos dará graciosamente com ele todas as coisas? [33] Quem levantará uma acusação contra os eleitos de Deus? É Deus quem os justifica. [34]Quem os condenará? É Cristo Jesus quem morreu ou, antes, quem ressuscitou, o qual está à direita de Deus e também intercede por nós. [35]Quem nos separará do amor de Cristo? Será tribulação, ou angústia, ou perseguição, ou fome, ou nudez, ou perigo, ou espada? [36]Como está escrito: Por amor de ti, somos entregues à morte o dia todo, fomos considerados como ovelhas para o matadouro. [37]Em todas estas coisas, porém, somos mais que vencedores, por meio daquele que nos amou. [38]Porque eu estou bem certo de que nem a morte, nem a vida, nem os anjos, nem os principados, nem as coisas do presente, nem do porvir, nem os poderes, [39]nem a altura, nem a profundidade, nem qualquer outra criatura poderá separar-nos do amor de Deus, que está em Cristo Jesus, nosso Senhor (Rm 8,31-39).

A experiência de um encontro inconfundível com o Senhor projeta luz incomensurável sobre a paixão e a cruz do dia a dia. Se o momento da cruz está envolvido em uma grande treva, a luz da ressurreição projeta adiante um horizonte luminoso como ponto a ser alcançado. Assim, o τελός (fim) projeta luz sobre o ἀρχή (ponto de partida). Sem a luz do horizonte como ponto de chegada é muito difícil encontrar motivações e resistências diante das dificuldades da caminhada. É isso que parece estar muito claro nos ensinamentos de Paulo, mesmo quando ele fala que os que perseguem os cristãos são inimigos da cruz de Cristo (3,18).

Muitas vezes, aqueles que tinham maior projeção e prestígio causavam sofrimentos a Paulo. Em lugar de dar apoio e segurança, faziam oposição, por isso ele precisou afirmar que esses eram falsos irmãos e falsos apóstolos, pois, em lugar de colaborar, tentavam obstruir o trabalho de renovação e enculturação do evangelho (2Cor 11,1-13).

Evangelizar mais que batizar (1Cor 9,16) era a meta de Paulo e, nessa caminhada fazia-se necessário mudar a mentalidade dos ouvintes e simpatizantes. Muitos pregadores confundiam o anúncio de Cristo com a projeção da própria imagem e prestígio. Evangelizar era entrar em conflitos com adversários, com opositores e com inimigos do evangelho, além de, algumas vezes, enfrentar a concorrência desleal dos próprios companheiros de trabalho, os quais esqueciam que a missão era serviço e não honra e prestígio. Na exortação aos seus discípulos, Jesus afirmou que não veio ao mundo para ser servido como Senhor e Rei, mas para servir e dar a vida em resgate por muitos (Mc 10,45).

Não são numerosos os cristãos que possuem uma consciência de serviço semelhante à do próprio Cristo. Paulo apresenta Jesus Cristo como absoluto Senhor e Salvador diante do qual todo o joelho deve dobrar-se e submeter-se (Fl 2,20). É nessa realidade hedonista de um mundo alicerçado no orgulho e na vaidade, como a de Filipos, que esse exemplo se torna paradigmático.

Quando Paulo diz aos Filipenses que a vida cristã tem um objetivo único que é a glória de Deus, ele afirma que para tal só tem uma possibilidade: conformar sua vida com a de Cristo (Fl 3,13)[79].

---

79. MacARTHUR, J.F.Jr. *Philippians*. Op. cit., p. 136.

A pedagogia do exemplo

É certo que Paulo sentia a necessidade de colocar-se como proposta de seguimento para os cristãos por conhecer alguns princípios da psicologia. Jesus foi humano perfeito, menos no pecado (Hb 4,15). Os cristãos teriam enormes dificuldades de acreditar na possibilidade de imitar a perfeição de Jesus Cristo, mas poderiam imitar alguém imperfeito como Paulo, um homem que foi questionado na sua autoridade de apóstolo (1Cor 9,1), que não tinha crédito diante de muitos cristãos por ter sido perseguidor e já era hostilizado pelos seus irmãos judeus por ser considerado um desertor (cf. Gl 1,13-24). Paulo ainda oferece o seu testemunho de abdicar a tudo por causa de Cristo (Fl 3,8). Dessa forma, Cristo entra de modo absoluto na comunidade cristã para moldar a nova família, uma família que senta à mesa para a partilha do pão e da vida sem diferenças e sem exclusões (Gl 3,28; Rm 10,12; Cl 3,11).

Diante das diferenças sociais, econômicas e culturais dos Filipenses, o exemplo funciona como pedagogia da persuasão. Se não é possível imitar a perfeição de Cristo de modo direto, seria possível imitar a Cristo do jeito do Apóstolo. Os crentes se deixam cativar melhor com exemplos.

O exemplo de mestres próximos servia para fortalecer os crentes diante dos desafios e dificuldades no processo de transformação da própria mente e coração (Rm 12,1-2). Os cristãos tinham diante de si também falsos mestres que pervertiam as Escrituras (2Cor 2,17). Esses que assim agiam eram inimigos da cruz de Cristo[80]. A convocação de Paulo e de seus companheiros, no entanto, insiste na força e no poder de Deus a fim de construir comunidades sólidas no amor uns para com os outros (1Ts 3,12). A vida apresenta sempre duas opções de exemplos: bons e maus. Trata-se de imitar os bons ou os melhores. Do grego μιμέω (imitar) vem também a mímica que é a arte de reproduzir de modo fiel gestos, palavras e formas de agir de alguém.

A pedagogia do exemplo de Paulo é um método eficiente na formação de novos paradigmas de discipulado. Imitar alguém é querer ser como este alguém ou mostrar o caminho para imitar outrem. Este é o caso de Paulo: ele provoca especialmente os simpatizantes de Filipos a fazer como ele a fim de que eles estejam mais próximos de Cristo.

Cristo é o protótipo a ser imitado. Não sabemos se o relato do *lava-pés* (Jo 13,1,15) já estava em pauta em algumas comunidades e se havia chegado ao conhecimento do Apóstolo, mas ali está toda a teoria e práxis para a imitação cristã:

> [14]εἰ οὖν ἐγὼ ἔνιψα ὑμῶν τοὺς πόδας ὁ κύριος καὶ ὁ διδάσκαλος, καὶ ὑμεῖς ὀφείλετε ἀλλήλω ννίπτειν τοὺς πόδας·[15]ὑπόδειγμα γὰρ ἔδωκα ὑμῖν ἵνα καθὼς ἐγὼ ἐποίησα ὑμῖν καὶ ὑμεῖς ποιῆτε // [14]Se, pois, eu vos lavei os pés, o Senhor e Mestre, assim vós deveis lavar os pés uns dos outros. [15] Dei-vos um exemplo a fim de que, como eu fiz a vós, façais também vós (Jo 13,14-15).

É aventuroso afirmar que Paulo conhecia esse relato ao compor o hino da κενῶσις de Cristo (Fl 2,5-8). Contudo, a antropologia do *lava-pés* é inconfundível em toda a teologia do Apóstolo. A lição de Jesus, como Mestre e Senhor, é um paradigma fundamental para todas as relações humanas, muito além

---

80. Ibid., 142.

dos esquemas religiosos ou culturais. O exercício da humildade é uma bênção universal, ultrapassando as religiões, credos ou confissões religiosas. Servir os mais humildes é sinal de grandeza de espírito e consciência de pertença à rede cósmica como uma teia trançada pelo Pai celeste.

O Evangelho de João, que, por um lado, revela toda a sua densidade teórica e filosófica do Lógos (1,1-18), por outro, mostra a profundidade e a largueza da humildade, no gesto do *lava-pés* (Jo 13,1-20). O *agápê* é a experiência mais autêntica da comunhão com Deus através do serviço aos *menores e mais humildes.*

Paulo tem diante de seus olhos o exemplo de Jesus Cristo, o qual, como Mestre e Senhor, lavou os pés dos discípulos (Jo 13,14) e, certamente, inspirado na tradição desse gesto, compôs o hino (Fl 2,5-11). Os cristãos tinham como fontes litúrgicas os relatos da paixão e os Salmos para compor hinos e cânticos[81], assim como todas as culturas sempre fizeram, que foi aproveitar estruturas existentes e adaptá-las às próprias finalidades.

As motivações estão em Jesus Cristo porque é nele que está a razão da vocação, da meta, do ponto de chegada:

> [14]κατὰ σκοπὸν διώκω εἰς τὸ βραβεῖον τῆς ἄνω κλήσεως τοῦ θεοῦ ἐν Χριστῷ Ἰησοῦ // [14]Conforme o escopo, (persigo) prossigo para o prêmio da vocação do alto de Deus em Cristo Jesus (Fl 3,14).

Pode ser que o contexto de sofrimento tenha influenciado o pensamento e as motivações do Apóstolo, mas está claro o alvo a ser alcançado: o prêmio está nos céus, a vocação é celeste porque está junto de Deus (3,14) e a nossa cidadania está nos céus (3,20). Não temos neste mundo morada definitiva, somos como peregrinos e forasteiros (1Pd 2,11), por isso precisamos mirar a pátria verdadeira. A morada terrestre é um trânsito, mas nela

---

81. THURSTON, B.B. & RYAN, J.M. *Philippians and Philemon*, 2004, p. 77.

preparamos a habitação celeste, nela adquirimos a veste nova para apresentarmo-nos diante de Deus (2Cor 5,1-10). Paulo faz uma espécie de apocalipse motivacional para convencer os Filipenses a dar passos seguros na superação das distâncias e diferenças dentro da própria comunidade.

Paulo faz a verdadeira escola do discipulado pelo exemplo. A liderança é fundada nos grandes arquétipos da história bíblica: Moisés, Josué, Davi, Jesus e os Apóstolos. Ele afirma que os cristãos poderiam ter mil pedagogos em Cristo, mas não muitos pais no Evangelho (1Cor 4,14-17), por isso ele também envolve Timóteo e Epafrodito como grandes imitadores de Jesus Cristo com ele (2,19-30).

Na apologese com os outros evangelizadores, especialmente Cefas, Tiago e João, a quem ele chama os notáveis ou eminentes apóstolos (2Cor 11,5; 12,11), usa as visões que teve como argumento de autoridade (2Cor 12,1-7), mas sem insinuar a superioridade ou rupturas com os mesmos. O objetivo era alicerçar a comunidade numa grande família de Cristo, cada um considerando-se membro desse Corpo, como templos do Espírito Santo (1Cor 6,15-20).

Nessa nova dinâmica, o cristão que se coloca no relacionamento com Deus está em conexão com todos os membros da família universal de Deus. Nessa família há um só corpo, um só Espírito, uma só fé, um só batismo, um só Senhor (Ef 4,5). Nessa família está o compromisso de construir a fraternidade universal e a diaconia no amor do novo culto, no próprio corpo (Rm 12,1).

Na tese cristológica apologética com Cefas e Apolo (1Cor 1,10-18), o Apóstolo afirma que foi Cristo crucificado e não algum deles. Por isso foi o autossacrifício de Cristo que lançou tal fascínio sobre os apóstolos e deu-lhes um sentimento novo de relacionamento com os seus semelhantes. Depois do exemplo de Cristo e da forma como Ele viveu, eles nunca mais poderiam justificar o viver para si próprios.

O exemplo de Cristo, na sua entrega radical, no seu sangue (Mc 10,45), também implica a mesma dinâmica dos seus seguidores. Dessa forma, algumas parêneses do Apóstolo sobre a mudança de vida e o abandono dos vícios acontecem pelo fato da comunhão nesse corpo de Cristo. Mas a adesão eficaz ao corpo de Cristo não é feita só por esforço próprio; ele necessita da força e da presença do Espírito Santo.

Na pedagogia do exemplo, está um outro aspecto muito importante: o sofrimento. Só consegue sofrer por alguma causa quem tem muito amor por ela. Ao apresentar sua própria experiência das cadeias e das reações dos simpatizantes e dos adversários (Fl 1,12-26; 2Cor 11,16-29), Paulo está estimulando os cristãos à purificação através da renúncia, da diaconia e da generosidade em favor dos outros. Esse é o caminho para a ruptura de paradigmas cristalizados entre privilegiados e sem privilégios nas comunidades. Jesus Cristo é o modelo da abdicação em favor dos seus irmãos (2,5-8). Essa abdicação como modelo exige dos discípulos um amor recíproco radical: "Amai-vos uns aos outros, como eu vos amei" (Jo 13,34b). Essa forma de amar tipifica a natureza divina do amor. E, quando o Espírito Santo atrai os seguidores de Jesus à união com Cristo, eles começam a oferecer sacrifícios espirituais que caracterizam de modo real a vida cristã.

A pedagogia do exemplo tem como meta gerar discípulos quanto mais possível à imagem do mestre. Para tanto é um imperativo o *conhecimento de Jesus Cristo*, conhecimento que não é empírico, mas que perpassa as entranhas, o coração e a mente e, nessa transformação, provoca a mudança radical de vida, de opções, de convicções e de hábitos:

> ἀλλὰ μενοῦνγε καὶ ἡγοῦμαι πάντα ζημίαν εἶναι διὰ τὸ ὑπερέχον τῆς γνώσεως Χριστοῦ Ἰησοῦ τοῦ κυρίου

μού δι' ὃν τὰ πάντα ἐζημιώθην καὶ ἡγοῦμαι σκύβαλά ἵνα Χριστὸν κερδήσω // Mas, ao contrário, considero tudo como perda, por causa da sublimidade do conhecimento de Cristo Jesus, meu Senhor; por amor do qual perdi todas as coisas e as considero como esterco, a fim de ganhar a Cristo (Fl 3,8).

O conhecimento de Cristo Jesus se encontra no fazer a experiência da própria morte. Paulo está aqui fazendo advertências muito severas aos judaizantes[82]. O conhecimento da *Torah*, apregoado pelos judeus e judaizantes, conduzia ao amor à lei, mas não aproximava do amor ao próximo. A experiência da Cruz, loucura para os gentios e escândalo para os judeus (1Cor 1,23), torna-se o caminho do conhecimento do amor de Deus, que se fez amor no seu Filho. Dessa forma, a apologese contra os judaizantes e resistentes em Filipos se torna fonte de uma teologia solidária (Fl 2,5-11), onde, de fato, o viver é Cristo (1,21).

É provável que os conceitos de ressurreição e salvação estivessem muito próximos (cf. 2,12). A ressurreição não consistia na observância da *Torah*, mas da fé em Jesus Cristo, que se baseava no amor ao próximo, na própria experiência da cruz e no esvaziamento de si, para transformar a própria vida em oferenda de libertação (Rm 12,1-3). A ressurreição, para Paulo, tinha, entre outras prerrogativas, a participação nos sofrimentos e na doação de si próprio (Gl 2,20; cf. Mc 10,45).

Paulo tem consciência que é um exemplo em formação, em construção e imperfeito na imitação a Jesus Cristo. *Ainda não alcancei, mas prossigo buscando*. A salvação não é alcançada num determinado momento da vida, não é adquirida de modo antecipado, nem é comprada com alguns ritos de purificação ou conhecimentos religiosos. A participação nos sofrimentos de

---

82. FEE, G. *Paul's Letter to the Philippians*. Op. cit., p. 323.

Cristo, a comunhão com sua cruz e morte no mesmo projeto conduzem o cristão a um processo que dura toda a vida. Paulo está consciente desse processo e da necessidade da perseverança até o fim, fazendo do seu viver o viver de Cristo (1,21). Por isso, ele afirma que não tem créditos suficientes para garantir a ressurreição, o estágio perfeito da comunhão com Cristo.

O *futuro* é mais importante do que o passado. O olhar futurístico impulsiona à superação dos novos obstáculos, dos novos desafios (Gl 5,1-6). O passado pode servir como alicerce ou pode ser algo a ser jogado fora como esterco (3,8). Quem tem um olhar no futuro se alimenta da esperança, do desejo da vitória, do final feliz, para isso sabe tirar do tesouro de sua vida coisas velhas e coisas novas (Mt 13,52).

Qual é o prêmio da vocação? Se a vocação vem do alto, o prêmio depende do alto. Esse desejo da comunhão com Cristo Jesus ressuscitado, que Paulo encontrou no caminho de Damasco (At 9,1-9), projetou sua vida para trabalhar pelas coisas do alto, que as guerras, as culturas, os tempos e os poderes políticos não alcançam, nem comprometem. O prêmio do alto está ligado à sua própria fonte, como encontramos no diálogo de Jesus com Nicodemos (Jo 3,5-21).

Nem todos tinham as mesmas certezas e a mesma força da fé; no entanto, ele aconselha à firmeza e ao prosseguimento. *Nós, os "teleioi" (acabados, completos, perfeitos), necessitamos ter esses sentimentos,* os mesmos de Jesus Cristo (2,5). Nesse caso, era muito importante que os Filipenses soubessem aprender dele, imitar seu exemplo (3,17; cf. 1Cor 4,16; 1Ts 1,6; 2Ts 3,7-9). Contrastando com as expectativas dos judaizantes ou mesmo dos judeus da sinagoga, Paulo fala de duas coisas novas: a) Os cristãos são os verdadeiros *circuncidados*, são o rebento fiel que vai herdar a salvação, em lugar dos judeus (cf. Mt 21,33-46). Os judeus teriam o reino e as promessas deles repassados aos pagãos, em virtude de não terem produzido os verdadeiros frutos esperados pelo dono da vinha (cf. Is 5,1-7). b) Os cristãos são os *acabados, os perfeitos* (= τέλειοι, 3,15) por terem feito a passagem do mundo pagão ou então das promessas antigas e assumido as novas realidades do Reino, que envolvem a inclusão total de todos (Gl 3,28) e a prática da justiça. A perfeição não é um estágio intermediário, mas final, por isso é uma busca permanente e exige clareza e, independente do ponto já alcançado, necessita que o rumo seja conservado (3,16).

Esse rumo deveria ser mantido com muita sabedoria e conhecimento, pois havia muitos opositores do evangelho. Paulo não se cansava de prevenir, advertir e instruir diante das coisas concretas, como ele mesmo escreve: *Vos falei deles muitas vezes, e agora chorando* (3,18). Qual a necessidade de tanta mágoa ou desencanto? De quem ele falou muitas vezes aos Filipenses? Para muitos estudiosos, os inimigos da cruz de Cristo seriam os judaizantes, visto que eles insistiam em guardar todos os preceitos judaicos, os ritos da lei e das tradições[83]. Eles buscavam sua segurança na lei de Moisés e não no amor a Jesus Cristo (Jo 1,18-19). Confiavam, acima de tudo e sobremaneira, na carne (3,3-4). As questões da pureza dos alimentos, do afastamento das pessoas

---

83. Não há unanimidade de que os inimigos fossem só os judaizantes. Há autores que acreditam que eram pessoas de fora da comunidade, podendo ser judeus da sinagoga, pagãos apegados ao poder, à corrupção ou manipulação da consciência popular, geradores da miséria e da injustiça. O *primeiro grupo* seriam os "pregadores invejosos e rivais" de Paulo, que são exortados por ele e a quem é também oferecido certo indulto, mesmo com os seus desvios teológicos e emocionais (1,15.17-18). Nesse grupo poderiam estar muitos judaizantes, pois esses opositores são internos, intrínsecos à Igreja de Filipos. *O segundo grupo* são os abordados em 3,2, os quais não são membros da comunidade, e podem ser judeus da sinagoga. É diante desses que Paulo lamenta o não reconhecimento das profecias e a não acolhida do Cristo como Senhor de judeus, gregos e cristãos. Eu acredito que os inimigos de Cristo são os explicitados em 3,2, ou, como afirma Ap 22,15: *os cães, impudicos, amantes da mentira... pois eles geram um ambiente de sofrimento e dor para todos aqueles que agem conforme a justiça do Reino* (cf. Mt 5,11-12.20).

impuras e da dificuldade de acolher doentes, pobres e estrangeiros (Lv 11–16) geravam conflitos internos na comunidade. Isso dificultava enormemente a prática da caridade, da justiça e da misericórdia. Eles seriam os fracos na fé; pois, apegados às tradições, julgavam os outros e não se dispunham a amar para reintegrar, perdoar para dar nova chance de inclusão e de convivência. A fé esclarecida torna a pessoa capaz de distinguir bem o que faz e fazer bem aquilo que se propõe (Rm 14,1-23). Thurston e Ryan afirmam que os inimigos de Paulo e da Igreja de Filipos seriam diversos. Em primeiro lugar, seriam os falsos pregadores (1,17-18), mas membros da comunidade cristã; em segundo lugar, haveria o grupo dos judaizantes, apegados às tradições e criadores de problemas internos; em terceiro lugar, seriam os judeus legalistas, que insistiam no absoluto valor da circuncisão; e, possivelmente, pagãos libertinos ou gnósticos[84]. Para esse último grupo, especialmente gnósticos, temos poucos indícios na carta. O elemento fundamental, aqui, é a circuncisão, que gerava uma consciência mágica da salvação para os judeus e um sinal de exclusão para os pagãos. O contraste irônico entre *katatomê* (3,2 – mutilação) e a afirmação *nós somos a peritomê* (3,3 – circuncisão) revela, com bastante clareza, um quadro de opositores; isto é, os que confiavam na carne, em si mesmos e no seu passado. A mutilação não revela adesão perfeita, por isso ele aplica o novo conceito de circuncisão, talvez à luz de Jr 4,4; Dt 10,16 que conclamam o povo à circuncisão do coração como sinal da verdadeira aliança.

Os inimigos (*echthrous*) da cruz de Cristo consideravam a caridade e a misericórdia, *sem distinção de raça*, um escândalo (1Cor 1,23). A lamentação e o desencanto de Paulo é com os de sua própria estirpe, aqueles cuja revelação fora feita pelos profetas e mensageiros que os anteciparam, mas que, por cau-

---

84. THURSTON, B.B. & RYAN, J.M. *Philippians and Philemon*. Op. cit., p. 117.

sa da pouca fé, não foram capazes de acolhê-los (Jo 1,11). Essa é uma das poucas vezes em que Paulo chora pelos que não se convertem. No entanto, sua sensibilidade com os empedernidos revela que eles atuavam com uma conduta da morte, contrária à vontade de Deus (1Cor 1,17-18; Gl 3,1; 6,14; Ef 2,16; Cl 1,20; 2,14; cf. 1Pd 2,24)[85].

Esse quadro descortina uma dura realidade, que é a incapacidade de acolher as coisas novas da vida por falta de sabedoria (Mt 13,52). Quem não vende o campo que tem, não consegue comprar o campo que contém um tesouro precioso (Mt 13,44). Trata-se de um dos pontos cruciais da carta – *a capacidade de sofrer em favor de outros* – pois assim como Cristo sofreu num gesto supremo de amor (2,5-11), Paulo tinha muitas situações de sofrimento em favor dos irmãos (3,4-14). Aceitar a cruz de Cristo era uma forma de *obediência histórica* e uma expectativa *escatológica*[86]. No entanto, os *inimigos* dos quais Paulo tinha falado não faziam oposição frontal aos cristãos, mas, como seu chefe, Satã, criavam dissabores, desgostos e desgraças aos mensageiros do evangelho, anjos da luz e servos da justiça (2Cor 11,13-15)[87].

Paulo deve ter conhecido a exortação de Jesus aos discípulos depois que Tiago e João se aproximaram e lhe pediram para sentar um à direita e outro à esquerda dele, na glória. E ele os repreendeu, dizendo-lhes: "Quem tiraniza e usa do poder são os déspotas, mas entre vós não pode ser assim. Quem quer ser grande, seja o servo de todos, e quem quer ser o primeiro, seja o escravo de todos, porque o *Filho do Homem não*

85. MacARTHUR, J.F.Jr. *Philippians*. Op. cit., p. 257.

86. FEE, G. *Paul's Letter to the Philippians*. Op. cit., p. 362.

87. Ibid., p. 255.

veio para ser servido, mas para servir e dar a vida em resgate por muitos" (Mc 10,35-45)[88].

O exemplo que o Apóstolo Paulo pretende dar para todos os cristãos de Filipos se alicerça em Cristo, pois, por causa dele (Cristo), tudo o que lhe era mais caro e precioso no judaísmo, considerou como esterco ao abraçar o cristianismo (3,7-17). A experiência de humilhação, de entrega radical e de doação de tudo o que podia, no caminho do anúncio, faz com que Paulo não hesite em pedir que olhem para ele e o tenham como exemplo a ser imitado (3,17).

O exemplo recíproco de minoridade considerando o outro como superior é o caminho para a fraternidade (2,3-4). A fraternidade cristã encontra seus fundamentos não na isonomia, na igualdade ou no comunismo socialista, mas na *minoridade.* É a consciência de ser menor que permite servir ao outro como "maior", com distinção, deferência e solidariedade. Mesmo sendo pequeno, pobre ou iletrado, na proposta fundamental da fraternidade, o outro precisa ser considerado sempre como "maior" e ser servido como "superior". Não significa submissão ou escravidão, mas uma delicadeza integrativa do humano iluminado por princípios divinos (Fl 2,5-8). Servir com alegria e singeleza de espírito é engrandecer o universo na pessoa do próximo atendendo seus apelos, escutando seus pedidos e socorrendo-o em suas dificuldades.

---

88. MAZZAROLO, I. *Carta de Paulo aos Filipenses.* Op. cit., p. 17.

Os caminhos da coimitação

Na caminhada da vida, não há muitos segredos ou tesouros escondidos. As veredas são muitas, como ponto de partida, mas há uma única como ponto de chegada para o encontro das pegadas de Jesus de Nazaré.

No caminho da coimitação, há um ponto de partida que é a sintonia total do pensar, do entender e do agir. Paulo usa uma única vez este lexema que também é uma ocorrência única no NT, é a συμψυχία (2,2).

A *sympsichia* (2,2) e ἰσοψυχία (2,20) tem como raiz a ψυχή (*psychê* ou mente). Ter o mesmo pensar e pensar conjuntamente são o princípio da superação do individual e o assumir do olhar comum.

Ponto de partida para a antropologia do exemplo é a *sympsichia*. Paulo convida os Filipenses a serem unânimes, concordes e afinados em tudo; isto é, σύμψυχοι (Fl 2,2). O sentido do termo, no contexto das relações pessoais, é estar com alguém, estar junto, permanecer, ir junto, andar junto e assim por diante[89]. No aspecto dos sentimentos, é estar em harmonia, estar de acordo, ter o mesmo pensamento. E, na parênese à Igreja de Filipos, é um apelo à unidade e sentimentos de bem-estar no pensamento e na ação[90]. Paulo entende que a comunidade necessita estar

---

89. BAUER, W. "Sympsychos". In: *Wörterbuch zum Neuen Testament*. Op. cit., p. 1.547.

90. BALZ, H.R. & SCHNEIDER, G. *Exegetical Dictionary of the New Testament*. Vol. 3, p. 291.

em perfeita harmonia. Os membros andariam em total entendimento, unidade de espírito e acordo de propósitos[91].

A propósito do ponto de partida, é importante rever esse versículo: πληρώσατέ μου τὴν χαρὰν ἵνα τὸ αὐτὸ φρονῆτέ τὴν αὐτὴν ἀγάπην ἔχοντεέ σύμψυχοι, τὸ ἓν φρονοῦντες. Plenificai a minha alegria a fim de que assim penseis a mesma coisa, tenhais o mesmo amor, unânimes e tendo o mesmo sentimento (Fl 2,2). Portanto é a unidade na unanimidade de sentimentos, de motivações e de compromissos. Pensar juntos e assumir em comunhão os mesmos projetos.

• A *synchairia* 2,17-18 (1Cor 12,26; 13,6) – Alegrar-se, congratular-se e sintonizar na superação das situações. Ele mesmo estava sendo oferecido em libação a Deus e, não obstante os sofrimentos, convida à alegria e ao júbilo[92]. A preposição συν corresponde ao latim *cum* e se constrói com o dativo instrumental, como é o caso de Fl 2,18: συνχαίρετε μοι (congratulai-vos comigo)[93].

A experiência das lutas, das cadeias, das hostilidades dos falsos irmãos e, depois, da vitória merece um júbilo partilhado. É a celebração da vitória, da superação dos desafios e da certeza do dever cumprido.

A alegria é fundamental para alavancar motivações, autoestima, forças importantes para reverter situações tristes ou desagradáveis. A alegria não é sinônimo de ingenuidade ou leviandade, mas é a certeza de que mostra possibilidades diferentes de mudanças, de transformações ou mesmo de celebrações (4,4).

---

91. FRIBERG, T.; FRIBERG, B. & MILLER, N. F. *Analytical lexicon of the Greek New Testament.* Vol. 4: Πληρώσατέ μου τὴν χαρὰν ἵνα τὸ αὐτὸ φρονῆτε, τὴν αὐτὴν ἀγάπην ἔχοντες, σύμψυχοι, τὸ ἓν φρονοῦντες (Fl, 2,2), p. 363.

92. VINCENT, M. R. *A critical and exegetical commentary on the Epistles to the Philippians and to Philemon, 1897,* p. 72.

93. ROBERTSON, A.T. *A Short Grammar of the Greek New Testament, for Students Familiar with the Elements of Greek*, 1908, p. 110-111.

• A *synergia*, 2,25; 4,3 (17vx no NT, 15 em Paulo, 1x Mc 16,20 e 1x 3Jo 1,8) – A energia é sinônimo de vida, de coragem e de potência. A energia move os corpos, os astros e os pensamentos. As máquinas, os carros e as pessoas são movidas por energias, ainda que tenham especificidades próprias. Onde não há energia há a apatia, a enfermidade e o desencanto.

Paulo soube encontrar colaboradores de alta eficiência e eficácia que lhe permitiram trocar energias, partilhar situações e contar com eles nas horas mais duras de sua missão. Filipos foi uma comunidade muito afetuosa e solidário com Paulo e seus companheiros. Epafrodito, que era de Filipos, vai, em nome da Igreja de lá, até onde Paulo está preso (provavelmente Éfeso) para levar-lhe apoio e recursos de sobrevivência. E, na fraqueza e na necessidade, a *sinergia* é fundamental tanto coletiva – como foi a comunidade de Filipos – quanto individual – como a simbiose com o enviado Epafrodito:

> Ἀναγκαῖον δὲ ἡγησάμην Ἐπαφρόδιτον τὸν ἀδελφὸν καὶ συνεργὸν καὶ συστρατιώτην μού ὑμῶν δὲ ἀπόστολον καὶ λειτουργὸν τῆς χρείας μου, πέμψαι πρὸς ὑμᾶς // Julguei, contudo, necessário mandar-vos Epafrodito, meu irmão, cooperador e companheiro nos combates; vosso enviado e assistente (liturgista) para as minhas necessidades (Fl 2,25).

A *sinergia* de Paulo com a Igreja de Filipos passa, nesse caso, pela pessoa de Epafrodito. Ele é o portador de todos os sentimentos de ligação com os filipenses. Em parte, ele é um assistente de Paulo (*leitourgós*) e, de outra, é o enviado especial de quem quer muito bem a Paulo e sabe que ele podia estar necessitando de suprimentos. Ainda que não saibamos quanto tempo Epafrodito permaneceu com Paulo, enquanto esse estava preso, está muito patente que ele foi um grande lutador, solidário, solícito e fraternal. A expressão *sustratiotês* indica alguém que luta junto, que está ao lado no combate e não abandona o companheiro. O combate do Apóstolo durante a prisão em Filipos tinha diversas frentes: os irmãos invejosos que se alegravam com o sofrimento na prisão (1,17); alguns judeus da sinagoga resistentes e opositores (At 19,9); e os fabricantes de estátuas de Ártemis (At 19,23-31).

Colocar-se ao lado de alguém como *synergós e sustratiotês* (alguém que dá energias e luta colado no ombro) é criar comunhão de corpo e espírito em todas as situações. Trabalhar junto, pensar junto, lutar ombro a ombro é a verdadeira sinergia. É estar de acordo com o companheiro em qualquer ocasião, mas sabendo que tudo está sob a tutela e a soberania de Deus. A *synergia* é uma ação de conjunto, de apoio, de cooperação e mútua ajuda. O *synergós* é aquele que coopera de mãos dadas com outro na mesma obra. No caso de Paulo, ele demonstra a importância dos seus colaboradores e companheiros irmanados no evangelho (Rm 16,3.9.21; Fl 2,25; 4,3; 1Ts 3,2; Fm 24)[94].

- A *synkoinônía* (1,7; 4,14) – O lexema parece apresentar uma redundância, mas, ao contrário, é uma ênfase na forma da relação. Não é apenas comunhão de estar junto ou próximo, mas de uma partilha de compromissos, de mente, de coração. O significado principal é ter comunhão com alguém, tomar parte ou partilhar dos próprios sentimentos, condividir as situações diversas.

Das sete ocorrências no NT, cinco são referências de Paulo. Percebe-se a importância que ele dá ao aspecto antropológico da parceria, da interatividade e da sincronia de ação. "Comunhão" é (συνκοινωνέω) isto, é tornar-se um participante junto com os outros. A palavra refere-se a uma participação conjunta entre dois ou mais indivíduos em um interesse comum e uma atividade comum. A comunhão também é compreendida como

94. BAUER, W. "Synergós". In: *Wörterbuch zum Neuen Testament*. Op. cit.

colaboração para alguém (κοινωνία εἰς - Rm 15,26; 2Cor 9,13). "Contribuir para" (3,22) está em questão aqui, porque expressa a cooperação dos Filipenses para a propagação do evangelho e, essa participação teve várias vezes a forma de suprir o Apóstolo com fundos. O evangelho criava relações novas e conectava a Palavra e o Pão; isto é, a espiritualidade e a assistência econômica sempre que necessário. Se, por um lado, Paulo foi assistido pelos Filipenses em suas necessidades, ele soube conscientizar muitas Igrejas da Galácia, da Macedônia e da Acaia para socorrer os *santos* de Jerusalém (1Cor 9,12; 16,1).

• Οσυνέρχομαι, *vir juntos, andar juntos*[95] - É outra atitude que modifica relações. As pessoas podem caminhar juntas, vir juntas na mesma direção, reunir-se e, sob a perspectiva religiosa, pode-se entender a formação das comunidades onde os participantes vêm juntos, vivem juntos (Mt 1,18) e se comprometem juntos (At 15,38).

• Συνέρχομαι - Indica a ação de vir ou ir com alguém, gesto que indica comunhão e compromisso[96]. Algumas vezes é uma ação de compromisso entre duas pessoas, mas pode indicar um gesto que envolve grande público, multidões. É a ação de adesão, de crença e de mudança de atitudes de quem crê (Ex 32, 26; Mc 6,33; Lc 5,15).

Mesmo depois dos conflitos em Filipos e a breve missão em Tessalônica, Paulo consegue aproximar do evangelho alguns judeus, diversos gregos e não poucas mulheres da alta sociedade (At 17,4). Ir ou andar juntos indica também um gesto de solidariedade e comunhão, mesmo em situações de risco, de prisão e de comprometimento com a própria reputação (2Cor 11,21-30).

---

95. O lexema não aparece de modo direto na Carta aos Filipenses, mas compõe o perfil do pensamento do Apóstolo em suas orientações (1Cor 11,17.18.20.33.34; cf. Mc 3,20; 14,53; Jo 18,20).

96. BAUER, W. "Synerchomai". In: *Wörterbuch zum Neuen Testament*. Op. cit.

• Συναθλέω – Tem um significado esportivo, militar e missionário: *batalhar, pelejar, lutar juntos* é uma forma concreta de demonstrar comunhão. O lexema (1,27; 4,3) aparece apenas aqui dentro do NT. A expressão é um sinônimo de ἀγών, uma luta semelhante aos gladiadores na arena e não apenas no sentido atlético. Paulo se refere aos cristãos de Filipos os quais precisavam conservar a fé lutando como gladiadores[97]. Ainda que não se tratasse de uma batalha com armas, como soldados ou como gladiadores, eles necessitavam de muita força, preparação e resistência para superar os sofrimentos e perseguições. O evangelho não tinha apenas adversários, tinha muitos inimigos (2Cor 11,1-33).

Essas diferentes batalhas exigiam uma sintonia e uma comunhão muito sólida no espírito e na mente. Era mister não descuidar das situações dos irmãos como companheiros de luta, labutas e jornadas longas. Lutar com alguém não significa apenas estar ao lado num combate, mas ao longo de toda a vida "ombro no ombro". Alguns estudiosos associam o verbo συναθλέω (lutar com) com o verbo συνλαμβάνω (tomar com). O sentido de συνλαμβάνω pode ter uma força de expressão muito forte no aspecto antropológico, afetivo e psicológico quando se trata da ação de *tomar alguém consigo*, carregar sobre os próprios ombros alguém mais fraco ou caído à beira do caminho como é a parábola do bom samaritano (Lc 10,29-37).

• Ἀθλέω – Significa, literalmente, "entrar em competição ou em combate". Em 2Tm 2,5 aparece a necessidade do esforço físico, do sacrifício e da disciplina. Não há vitória sem preparação, exercícios rígidos e treinamento para a luta, além das renúncias e disciplinas individuais. Muitos elementos estão associados ao exercício atlético e à preparação militar: ambos

97. O'BRIEN, P.T. *The Epistle to the Philippians* – A commentary on the Greek text, 1991, p. 150-151.

exigem autodisciplina, esforço, sofrimento e trabalho em conjunto. "Inácio de Antioquia, segundo Policarpo 1,3 e 1Clemente 5,1, ao dirigir-se aos representantes dos apóstolos afirma que Cristo é o ἀθλητής supremo, nos Atos de Tomé, 39"[98].

- Συμμορφίζω – É *conformar-se com*, moldar-se, modificar a *forma mentis*, assumir outra proposta (3,10.21; Rm 8,29; 12,2). Separando a preposição do verbo, obtém-se uma compreensão mais precisa: *com+formar-se*, ou seja, assumir a forma de alguém, tomar a forma de outrem. Na literatura grega, aparece desde cedo esse lexema em Homero, Xenofonte e outros no sentido de assumir a forma do outro[99].

Na transfiguração, Jesus muda a sua apresentação, sua aparência e toma uma forma transcendente. Os discípulos não reconhecem mais o homem humano que estava ao seu lado, mas um homem que assumia a forma divina, conversando com personagens divinizados como Moisés e Elias. Nesse momento, Jesus muda da forma humana e se *com-forma* com a da transcendência (Mc 9,2 e par.).

A questão mais importante no aspecto da forma é a μορφη Θεοῦ (Fl 2,6) dentro da composição do hino litúrgico. Essa expressão encontra eco de modo patente dentro do contexto de 1,27-2,18, pois o exemplo radical da renúncia de si de todas as suas prerrogativas é o próprio Cristo.

Na ótica da conformação, encontramos um lexema aproximativo que é μεταμορφόω (remodelar, reconfigurar)[100]. No NT encontra-se o relato da transfiguração (Mc 9,2; Mt 17,2) como

98. STAUFFER, Q. "Ἀθλέθω" In: *Theological Dictionary of New Testament*. Vol. 1. Op. cit., p. 167.

99. PÖHLMANN, W. "Συμμορφιζω". In: *Exegetisches Wörterbuch zum Neuen Testament*. Vol. III, 1983, p. 688.

100. NÜTZEL, J. "Μεταμορφόω". In: *Exegetisches Wörterbuch zum Neuen Testament*. Vol. II, 1981, p. 1.021.

uma transformação assumindo outra forma: da forma humana para a supraterrestre. Essa *metamorfose* sugere uma influência no sentido helenístico, mesmo que o cunho teológico tenha ideias apocalípticas[101]. Na transfiguração de Jesus, há a mudança de aparência e, ao mesmo tempo, de representação: ele não é o Mestre dos discípulos que o acompanham, mas é um homem transformado em caráter transcendente que consegue conversar com arquétipos do passado: Moisés e Elias.

Esse conceito de transformação está presente em Paulo quando ele quer que os cristãos se transformem em novas criaturas, com mente e coração voltados para o evangelho e a vida nova do batismo no Espírito (2Cor 3,18; Rm 12,2). No bojo dessa convicção, está a certeza da superioridade da καινή διαθηκή como dom do Espírito e abertura às novas nações pagãs em contraste com a prática judaica da exclusão, na lei de Moisés. A transformação significa também um abandono de práticas e hábitos antigos (3,8) que Paulo classifica como στοιχεία τοῦ κοσμοῦ (rudimentos do mundo, coisas mundanas, Gl 4,3.9). São essas mudanças ou transformações que irradiam a glória de Deus e o amor de Jesus Cristo. É o próprio Senhor, presente e ativo pelo Espírito, que realiza essa mudança. Paulo obviamente compartilha formalmente as ideias do misticismo helenístico em relação à transformação pela visão, transformação na imagem vista de Deus, e transformação como um processo que é progressivamente trabalhado nos justos.

A transformação é configurada por Paulo com outro lexema importante que é associado à conformação. A sabedoria e a intelectualidade do Apóstolo são inigualáveis. No mesmo versículo, ele combina dois lexemas de extrema sensibilidade (3,21): μετασχημαίζω e συμμορφιζω (transformar-se e assumir a forma

---

101. BAUER, W. "Metamorphóō". In: *Wörterbuch zum Neuen Testament*. Op. cit., p. 1.011.

"proposta"). A transformação exige uma nova configuração com outro paradigma.

• A ταπεινῶσις (*humildade*) – Na caminhada do seguimento a Jesus, é indispensável uma forma de pensar e agir do jeito do Mestre: *Se alguém quer vir depois de mim, renuncie-se a si mesmo, tome a sua cruz cada dia e siga-me* (Lc 9,23). As diferenças de categorias sociais na Igreja de Filipos exigiam uma antropologia da humildade, que é um dos primeiros passos para constituir fraternidade. A ταπεινῶσις é a pedagogia do reconhecimento da dignidade do outro (2,3; 3,21; 4,12)[102].

A virtude da humildade revela uma grandeza de espírito e de coração, pois é a capacidade de considerar o outro sempre maior ou superior (2,3). É uma virtude que depende da liberdade e da vontade de assumir, é um amor personificado; ela é a *Dama Humildade* do mesmo modo que os livros *Sapienciais* personificam a *Dama Sabedoria* (Sb 6,1-25).

Jesus ensinou aos discípulos o caminho para encontrar a humildade: *quem quer ser o maior, seja como o mais jovem, e aquele que governa, como aquele que serve* (Lc 22,26). Na dimensão da obediência, Jesus afirmou que não fazia a própria vontade quando curava em dia de sábado, mas que seguia a vontade do Pai que trabalhava sempre (Jo 5,19-24). Jesus exalta a humildade como uma virtude moral desejada e ensina que a humildade está na própria identificação com o estado da criança (Mt 18,1-4).

Paulo se vale dessa pedagogia de Jesus para ensinar um caminho semelhante aos Filipenses através do hino da κένωσις (esvaziamento), explicitando que Jesus assumiu de modo livre a posição de servo até as últimas consequências (2,8). A humildade não pode ser um ato forçado, coagido ou imposto, mas uma

---

102. A *tapeinôsis* ocorre ainda nos seguintes textos: At 20,19; Ef 4,2; Cl 2,18.23; 3,12; 1Pd 5,5.

decisão consciente, livre e responsável no contexto da convivência e da diaconia. Na parênese de Jesus aos filhos de Zebedeu, Tiago e João, lhes disse: *O Filho do Homem não veio para ser servido, mas para servir e dar a vida em resgate por muitos* (Mc 10,45).

A humildade é a irmã da hospitalidade, da diaconia e da acolhida, por isso exige uma morada no coração da pessoa. Todo o pensar e agir indica uma assimilação consciente e radical da pedagogia do discipulado. Considerar o outro como superior é receber esse alguém como se estivesse recebendo ou servindo ao próprio Cristo. O outro elevado na qualidade de irmão superior é o *alter ego*[103].

O Deutero-Isaías (Is 53,8) aborda a humilhação do Servo de IHWH: "Ele foi oprimido e humilhado, mas não abriu a boca; como cordeiro foi levado ao matadouro; e, como ovelha muda perante os seus tosquiadores, ele não abriu a boca" (Is 53,7). A diferença entre o sentido primário da *kénôsis* de Jesus e Paulo e a *kénôsis* do Servo de IHWH é a autonomia. Paulo, após sua conversão, assume de modo livre e consciente a sua missão, sem ser obrigado. Essa é também a diferença de compreensão bíblica da cultura helenística. Para o judaísmo, o conceito de ταπεινός é negativo por expressar obrigação. No universo grego ταπεινόω e ταπείνωσις é positivo, pois representa uma atitude de alguém livre, autônomo e responsável[104].

A humilhação não deve consistir na ideia da anulação da própria identidade, mas na nobreza do resgate de quem foi humilhado, desprezado, espezinhado e marginalizado. A humilhação na liberdade e na autonomia do resgate (Mc 10,45) representa a grandeza do ser humano como irmão de todo o

103. TIEDTKE, E. "Κήνος, κήνωσις". In: *Dicionário Internacional de Teologia do Novo Testamento*. Vol. II, 2000, § 2.582.

104. GIESEN, H. "Ταπεινός". In: *Exegetisches Wörterbuch zum Neuen Testament*. Vol. III, 1983, p. 799.

irmão. Nessa dinâmica da humilhação para a libertação está a grandeza do exemplo do Mestre que assumiu a condição de servo até a morte de cruz (Fl 2,8). Esse é o gesto supremo da humilhação, mas não é o aniquilamento e sim a perfeição da solidariedade, da dignificação do outro e do resgate. Paulo entendeu bem que o gesto supremo da humilhação foi a encarnação (Jo 1,14) assumindo, na forma humana o acampamento neste universo, menos no pecado (Hb 4,15).

- A τελέιωσις como ponto de chegada[105] – Os lexemas τελέω, τελειόω, τελείωσις indicam finalização, resultado, culminância de um processo. O término de algo pode ser o seu aperfeiçoamento, a sua conclusão, a sua plenificação. Conduzir algo ao termo significa, em princípio, dar-lhe a forma perfeita, concluir com precisão todos os aspectos concernentes às suas especificidades. Completar algo é propiciar a sua frutificação plena[106].

Λέγω δέ, πνεύματι περιπατεῖτε καὶ ἐπιθυμίαν σαρκὸς οὐ μὴ τελέσητε. "Digo, pois, andai segundo o Espírito e não plenifiqueis os desejos da carne" (Gl 5,16). Fora da Bíblia a palavra significa *nomem actionis* e denota o ato ou o complemento do ato; isto é, atualização ou execução da φύσεως da natureza humana[107]. É a ação do aperfeiçoamento e finalização completa da ação.

No NT Maria torna-se a bem-aventurada porque nela se cumprirá a palavra do Senhor: καὶ μακαρία ἡ πιστεύσασα ὅτι ἔσται τελείωσις τοῖς λελαλημένοις αὐτῇ παρὰ κυρίου. "Bem-aventurada aquela que acreditou porque nela serão plenificadas

105. O termo é encontrado 20 vezes no NT e 8 em Paulo.

106. LOUW, J.P. & NIDA, E.A. "Τελέω, τελειόω, τελείωσις". In: *Greek-English lexicon of the New Testament*: based on semantic domains, p. 162.

107. KÖSTER, H. "Φύσις". In: *Theological Dictionary of the New Testament*. Vol. IX, 2006, p. 260.

as palavras do Senhor" (Lc 1,45). Essa bem-aventurança mostra que Maria colabora com o Senhor e com o que fora dito pelos profetas (Is 7,14).

Na Carta aos Filipenses, Paulo reconhece que ainda não alcançou a perfeição, mas prossegue com esmero a fim de um dia aproximar-se mais de Cristo:

> Οὐχ ὅτι ἤδη ἔλαβον ἢ ἤδη τετελείωμαι, διώκω δὲ εἰ καὶ καταλάβω, ἐφ᾽ ᾧ καὶ κατελήμφθην ὑπὸ Χριστοῦ [Ιησοῦ] // Não que já a tenha alcançado, ou que seja perfeito; mas prossigo a fim de alcançar aquilo para o que fui também preso por Cristo Jesus (Fl 3,12).

Como o próprio Apóstolo escreve a respeito de si mesmo, a perfeição não é propriamente um estágio, mas uma meta a ser alcançada. A perfeição poderá acontecer na cidadania celeste (3,20). No aspecto antropológico, sociológico e também espiritual, a perfeição é um projeto de vida, um horizonte de ação e um ponto no "infinito" a ser perseguido com todas as energias, conhecimentos, capacidades e decisões. A perfeição é um atributo divino e, assim, tudo quanto é humano ou terreno carece da perfeição, tornando-se por isso uma meta a ser alcançada.

A plenitude ou a perfeição, conforme Hb 11,13.33, é alcançada através da fé, pois aquele que crê cumpre nele a promessa de Deus e plenifica a sua vida[108]. O verbo πληρόω serve como sinônimo de τελειόω usado em 2,2; 4,19 e diversas vezes em outras cartas. Levar algo a complemento é buscar dar-lhe a perfeição.

A perfeição é o espelho de Deus, por isso Jesus, como o Filho amado, deixou as marcas da pedagogia do Pai e a trilha

---

108. DELLING, G. "Πληρόω, πλήρωμα". In: *Theological Dictionary of the New Testament*. Vol. IV, 2006, p. 291.

para a perfeição (2,5)[109]. Nessa proposta, Paulo exorta para a imitação de Cristo em todos os sentidos, pois deseja que aquilo que povoou a mente, o coração, as mãos e os pés de Jesus possa povoar integralmente o ser do cristão:

> Τοῦτο φρονεῖτε ἐν ὑμῖν ὃ καὶ ἐν Χριστῷ Ἰησοῦ // Isto "concebei" em vós, aquilo que estava em Cristo Jesus (Fl 2,5).

Essa admoestação encontra seu fundamento e começo em 2,1[110]. Paulo alicerça a pedagogia do exemplo em Jesus Cristo. Na conclusão de sua teologia do discipulado e do seguimento de Cristo, Paulo não se coloca como modelo a ser imitado, mas deseja que os Filipenses imitem a Cristo do jeito que ele os ensinou, caminhando ao lado dele (Paulo):

> [8]Finalmente, irmãos[111]:
> a) tudo o que é verdadeiro,
> b) tudo o que é respeitável,
> c) tudo o que é justo,
> d) tudo o que é puro,
> e) tudo o que é amável,
> f) tudo o que é louvável,
> se alguma virtude há e,
> se algum louvor existe,
> isso cogitai.

---

109. SPINELLI, M. *Helenização e recriação de sentidos* – A filosofia na época da expansão do cristianismo: séculos II, III e IV. Op. cit. Spinelli faz um grande estudo sobre os componentes helenísticos que foram assumidos pelo cristianismo, desde alguns arquétipos platônicos até o período dos Padres da Igreja. A obra é muito interessante e um grande contributo para compreender posturas de Jesus, de Paulo e dos cristãos, concernentes ao ser humano, sociedade, comportamentos e responsabilidades sociais.

110. BOKMUEHL, M. *The Epistle to the Philippians*. Op. cit., p. 109.

111. BARBAGLIO, G. *As Cartas de Paulo II* (Op. cit., p. 391) junta 4,8-9 ao texto 3,1b–4,1, ao qual chama de "carta polêmica". No dizer de Barbaglio, 3,1b–4,1.8-9 pertenceria a uma carta independente que as comunidades uniram à carta do cativeiro. Na minha opinião, pode ser que 3,1b–4,1 seja uma carta independente, mas unir 4,8-9 a essa carta não me parece sensato.

⁹O que também
a) aprendestes,
b) recebestes,
c) e ouvistes,
d) e vistes em mim,
isso praticai;
e o Deus da paz será convosco (4,8-9).

A conclusão do v. 8 retoma 2,5 onde o Apóstolo sublinha o pensar em Cristo. As virtudes indicadas para serem assumidas são inerentes ao próprio ser de Deus e de Jesus Cristo. É o ponto de chegada da missiva: *finalmente, irmãos*! Em outras palavras, chegamos ao ponto final, à conclusão e, na despedida, restam os últimos conselhos:

> μηδὲν κατ᾽ἐριθείαν μηδὲ κατὰ κενοδοξίαν ἀλλὰ τῇ ταπεινοφροσύνῃ ἀλλήλους ἡγούμενοι ὑπερέχοντας ἑαυτῶν // Nada façais por partidarismo, nada por "*vã glória*", mas por humildade, considerando cada um os outros superiores a si mesmo (Fl 2,3).

Paulo utiliza categorias helenísticas para propor uma *excelência moral* presente na *arêtê*, que, na filosofia helenística, denota a busca da máxima qualificação moral[112]. Esse elenco corresponde ao catálogo de virtudes conhecidas pelos greco-romanos, especialmente os estoicos[113].

Podemos ver nessa lista de seis virtudes uma espécie de descrição da coimitação perfeita de Cristo e, que, para qualquer cristão, não é impossível. Paulo afirmou que para ele o *viver era Cristo* (1,21), por isso a busca do ideal é um caminho que se faz caminhando e não existem receitas prontas. Os pontos de partida para a aproximação ideal de Jesus Cristo são diversos, mas o ponto de chegada é o mesmo para todos. As *seis virtudes*

---

112. BOCKMUEHL. M. *The Epistle to the Philippians*. Op. cit., p. 253.

113. THURSTON, B.B. & RYAN, J.M. *Philippians and Philemon*. Op. cit., p. 146.

colocadas no v.8 começam com o testemunho de Jesus diante de Pilatos (Jo 18,37).

Alargando um pouco os horizontes da hermenêutica, podemos interpretar Paulo na sua conclusão parenético-afetiva aos Filipenses:

a) *A verdade* começa com o próprio Cristo, o qual, na condição de Filho amado, apresenta a verdadeira imagem do Pai (Jo 17,17; 18,37; Cl 1,5). Ele é o Filho unigênito que saiu da "casa do Pai" e aceitou fazer seu "acampamento no meio de nós" (Jo 1,14) e, por isso, dele recebemos *a graça e a verdade* (Jo 1,17).

b) *O respeitável* é sinônimo de dignidade, crédito e retidão. Quem procede de acordo com os parâmetros de respeito à pessoa do outro que age com retidão, compaixão, solidariedade e valorização daquilo que é construtivo torna-se uma pessoa respeitada.

c) *O que é justo*: a justiça é um atributo divino. Nas tradições antigas, o julgamento dos seres humanos só podia ser feito por Deus. Jó, quando é acusado de pecador pelos seus adversários, mas se considerava justo, pediu um tribunal celeste para mediar a questão e Deus veio em seu auxílio (Jó 38-42). A justiça humana é sempre um paradigma a ser construído, mas não pode ser negligenciado, pois ela deve ser mais perfeita que a dos escribas e fariseus (Mt 5,20).

d) *O que é puro*: a pureza na pedagogia de Jesus e na eclesiologia de Paulo não abarca questões de sexualidade, alimentos, vestimentas e rituais de sacrifícios, mas a ética comportamental. Paulo segue muito de perto a pedagogia de Jesus: o puro e o impuro habitam o interior da pessoa: o coração, a mente e os sentimentos. É no eixo gravitacional de todas as decisões que deve estar a pureza.

e) *O que é amável* (προσφιλή) é um *hápax legomenon*: não é só o que é belo, atraente, agradável e aprazível, mas aquilo que é amável aos olhos de Deus. Deus ama os pobres, os marginalizados, os excluídos, o órfão, a viúva, o estrangeiro e todos aqueles que, para os critérios de produtividade, de riqueza e domínio, não servem. Deus não faz acepção de seus filhos (Gl 3,28; Rm 10,12; Cl 3,11; Dt 10,17).

f) *O que é louvável* (εὔφημα) é, também, um *hápax* e indica a forma de conduta recomendável[114]. Não se trata de elogios ou confetes jogados nas solenidades, mas um itinerário de vida, de atitudes e de testemunho solidário a exemplo do próprio Cristo (2,5-8). É Cristo que fortalece os discípulos e gera solidariedade na comunidade como entre Paulo e os Filipenses (4,13-14).

Se há alguma virtude: a ἀρετή era o ponto máximo de toda a paideia grega[115]. Os cristãos absorveram desde cedo aspectos filosóficos e antropológicos do helenismo. A virtude não era símbolo do pietismo ou da religiosidade infantilizada, mas o exercício constante da ética, da justiça e da prática do bem. Os primeiros cristãos, mesmo os de cultura mediana, conheciam o grego em virtude do comércio, da presença de estrangeiros e da influência da dominação grega[116].

Se há algum louvor – isto é, algum motivo de elogio pela conduta, pelo testemunho, pelo ensinamento –, que seja em Cristo e não alicerçado na vaidade, no orgulho ou no despotismo. A característica fundamental do agir cristão é a diaconia a

---

114. HUGHES, R.K. *Philippians* – The Fellouwship of the Gospel, 2016, p. 177.

115. JAEGER, W. *Paideia* – A formação do homem grego, 1995. Nessa obra de 1.413 páginas o autor faz um estudo dos principais aspectos da cultura grega, destacando os seus principais protagonistas e teorias. A paideia é a meta por excelência na cultura e na formação do homem grego.

116. JAEGER, W. *Cristianismo primitivo e paideia grega*, 2014, p. 16-18.

exemplo do Mestre (Mc 10,45). Quem está na trilha do Mestre não deve comportar-se como os reis das nações que as tiranizam e oprimem e, depois, querem ser chamados de benfeitores (Lc 22,25).

Isso cogitai (λογίζεσθε). Paulo quer que os Filipenses tenham sempre mais clareza do contraste entre o despotismo exercido pelos líderes que buscam poder, honra, domínio e sem consequências éticas e sociais. Isso todo o cristão precisa cogitar, raciocinar e não esquecer.

O verso 9 traduz o testemunho de Paulo. Ele não se coloca como exemplo último da imitação, mas como testemunho intermediário; isto é, exemplo da factibilidade desse seguimento. As virtudes para buscar a sabedoria herdadas dos estoicos aproximavam o ser humano de Deus através da *gnôsis*, mas o alcance dessa proximidade exigia um esforço e dedicação constantes. Agora, em tom de conclusão, Paulo se coloca como exemplo dessa possibilidade de seguimento a Jesus Cristo, mesmo dentro de todas as peripécias humanas, por isso insiste no exemplo da possibilidade:

> [9]O que também de mim...
>
> a) *Aprendestes* – Foram muitos os ensinamentos deixados em suas viagens através de mensagens, de bilhetes, de exortações transmitidas pelos seus companheiros de missão;
>
> b) *Recebestes* – Quantas exortações eles receberam, quantos ensinamentos e advertências sobre a grandeza do evangelho e do exemplo de Jesus Cristo (2,1-8);
>
> c) *Ouvistes* – Começando pela visita às mulheres reunidas na beira do rio (At 16,13-14). Essas, ao ouvirem a pregação de Paulo, entre elas Lídia que era uma comerciante de púrpura, acreditou naquilo que ouviu e se fez batizar com toda a sua casa;

d) *E vistes em mim* – Em Filipos teve sua primeira experiência de prisão e a segunda de açoites por causa do evangelho e do testemunho (At 16,19-25).

Isso praticai e o Deus da paz será convosco! A conclusão não podia ser mais didática, pois tudo o que eles tinham conhecido, aprendido e visto, agora se tratava de colocar em prática, transformar em gestos, encarnar o evangelho e, com isso, o Deus da paz estaria em seus corações e em suas vidas. Não se trata de especulação intelectual, de teorias ou diatribes estéreis, mas de conhecimentos, aprendizagens e ações. Deus está mais visível nos gestos solidários, na construção da justiça e no testemunho da verdade.

Conclusão

Imitar a Cristo: o exemplo e o modelo para o cristão é Jesus e nenhum outro. Quando acontece o conflito em Corinto entre Cefas, Apolo, Paulo e os independentes, o argumento fundamental de Paulo é sólido e consistente: *quem foi crucificado*? Nessa proposta, Paulo é severo e claro: Cristo foi crucificado e Ele é o exemplo e não os evangelizadores que muitas vezes se colocam no centro do anúncio e deixam Cristo de lado (1Cor 1,10-17). Ele foi crucificado, Ele veio de junto do Pai, abdicando a condição de Deus (2,6) e assumindo a condição de servo de modo radical até o fim e até às últimas consequências.

Coimitar Paulo na imitação a Cristo:

• *Lutar juntos* pois o testemunho exige fidelidade e dedicação. A vida é uma peleja constante e necessita de treinamentos, preparo e dedicação atlética. Muitos entram no estádio da vida, mas nem todos vencem (1Cor 9,24).

O espírito de competição é muito importante para alimentar o cristão para o desafio seguinte. Cada etapa da vida tem a sua batalha a ser enfrentada.

• *Sintonia de pensamento*, pois o pensamento move a ação. Raciocinar, conceber e assumir juntos é um princípio fundamental para o êxito das metas propostas.

• *Comunhão na ação* – Jesus chamou para junto de si quem Ele quis e os preparou para enviá-los a trabalhar com Ele na missão (Mc 3,13-15). Ao celebrar a aliança de despedida, lavou-lhes os pés e pediu que fizessem o mesmo (Jo 13,15).

- *Acima de tudo, coragem e alegria* – Os Filipenses experimentaram também o sofrimento, as dificuldades de relacionamentos e perseguição dos seus compatriotas, mas nem por isso teriam motivos para tristezas. Paulo os exorta a um olhar de superação e encorajamento mútuo em todas as circunstâncias (4,4).

- *A synergia* é fundamental para alcançar a meta que está sempre um pouco além (3,12). Nesse caminho, embora árduo e longo, a empatia e a mútua estima ajudam a construir a unidade, a perfeição, a qual só será alcançada junto com Cristo.

Portanto, imitar Jesus Cristo, coimitando Paulo, é uma proposta clara e possível, mas árdua, que exige coragem, discernimento e muita inspiração.

Referências

ARISTÓTELES. *Ética a Nicômano* – Texto integral. São Paulo: Martin Claret, 2003.

BALZ, H.R. & SCHNEIDER, G. *Exegetical Dictionary of the New Testament*. Vol. 3. Grand Rapids: W.B. Eerdmans, 1990, p. 291.

BARBAGLIO, G. *As cartas de Paulo II*. São Paulo: Loyola, 1991.

______. *As cartas de Paulo I*. São Paulo: Loyola, 1990.

BAUDER, W. "Miméomai". In: COENEN, L. & BROWN, C. *Dicionário Internacional de Teologia*. Vol. I, p. 587-589.

BAUER, W. *Wörterbuch zum Neuen Testament*. Berlim/Nova York: Walter de Gruyter, 1971.

BLASS, F. & DEBRUNNER, A. *Grammatik des Neuestestamentlichen Grieschsch*. 18. ed. Göttingen: Vandenhoek & Ruprecht, 2001.

BOICE, J.M. *Philippians*. Grand Rapids/Michigan: BakerBooks, 2000.

BOKMUEHL, M. *The Epistle to the Philippians*. Londres: A & C. Black, 1998.

BONAZZI, B. "Stratêgós". In: *Dizionario Greco-italiano*. Nápoles: Alberto Morano, 1943.

BRUCE, F.F. *Filipenses*. Flórida: Vida, 1992 [Novo Comentário Bíblico Contemporâneo].

CHAMPLIN, R.N. "Filipenses". In: *O Novo Testamento interpretado versículo por versículo*. Vol. V. São Paulo: Candeia, 1995.

CÍCERO. *Orações*. Rio de Janeiro: W.M. Jackson, s/d.

CRISOSTOMO, J. “Comentario a la Carta a los Filipenses”. In: *La Biblia comentada por los Padres de la Iglesia*. Vol. VIII. Madri: Ciudad Nueva, 2001.

DELLING, G. “Πληρόω, πλήρωμα”. In: *Theological Dictionary of the New Testament*. Vol. IV. Grand Rapids/Michigan: W.B. Eerdmans, 2006, p. 286-310.

FEE, G. *Paul's Letter to the Philippians*. Grand Rapids/Michigan/Cambridge: W.B. Eerdmans, 1995.

______. *The First Epistle to the Corinthians*. Grand Rapids/Michigan: W.B. Eerdmans, 1984.

FOWL, S.E. *Philippians*. Grand Rapids: W.B. Eerdmans, 2005.

FRIBERG, T.; FRIBERG, B. & MILLER, N. F. *Analytical lexicon of the Greek New Testament*. Grand Rapids: MI: Baker Books, 2000, p. 363.

FUNG, R.Y.K. *The Epistle to the Galatians*. Grand Rapids/Michigan/Cambridge: W.B. Eerdmans, 1986.

GIESEN, H. “Ταπεινός”. In: *Exegetisches Wörterbuch zum Neuen Testament*. Vol. III. Stuttgart/Berlim/Colônia: Kohlhammer GmbH, 1983, p. 799-801.

GONZAGA, W. *A verdade do evangelho e a autoridade na Igreja*. Santo André: Academia Cristã, 2014.

GONZÁLES RUIZ, J.M. *La cruz en Pablo* – Su eclipse histórico. Bilbao: Sal Terrae/Santander, 2000.

GOPPELT, L. “Τύπος”. In: *Theologal Dictionary of New Testament*. Vol. VIII. Grand Rapids/Michigan: W.B. Eerdmans, 1972, p. 246-259.

HUGHES, R.K. *Philippians* – The Fellouwship of the Gospel. Wheaton/Illionis: Crossway Books, 2016.

JAEGER, W. *Cristianismo primitivo e paideia grega*. Santo André: Academia Cristã, 2014.

______. *Paideia* – A formação do homem grego. São Paulo: Martins Fontes, 1995.

KENT JR., H.A. “Philippians”. In: *Ephesians through Philemon*. Grand Rapids/Michigan: Zondervan, 1981 [Expositor´s Bible Commentay].

KÖSTER, H. "Φύσις, φυσικός, φυσικῶς". In: *Theological Dictionary of the New Testament*. Vol. IX. Grand Rapids/Michigan: W.B. Eerdmans, 2006, p. 251-277.

LOUW, J.P. & NIDA, E.A. "Τελέω, τελειόω, τελείωσις". In: *Greek-English lexicon of the New Testament*: based on semantic domains. Nova York: United Bible Societies, 1996 [Vol. 1, 2. ed. eletr., p. 162].

MacARTHUR, J.F.Jr. *First Corinthians*. Chicago: Moody, 2005.

_____. *Philippians*. Chicago: Moody, 2001.

______. *Romans 1-16*. Chicago: Mood, 1994.

MATERA, F.J. *Galatians*. Collegeville, Minn.: Daniel J. Harrington, 1992 [Sacra Pagina Series, vol. 9].

MAZZAROLO, I. *Lucas em João* - Uma nova leitura dos evangelhos. 3. ed. Rio de Janeiro: Mazzarolo, 2017.

_____. *Evangelho de Marcos* - Estar ou não com Jesus. 3. ed. Rio de Janeiro: Mazzarolo, 2016.

______. *Nem aqui nem em Jerusalém* - O Evangelho de João. 2. ed. Rio de Janeiro: Mazzarolo, 2015.

______. *Carta de Paulo aos Filipenses*. 2. ed. Rio de Janeiro: Mazzarolo, 2011.

MICHAELIS, W.B. "Μιμέομαι, μιμμητές, συμμιμηετής". In: KITTEL, G.; BROMILEY, G.W. & FRIEDRICH, G. (orgs.). *Theological Dictionary of the New Testament*. Vol. IV. Grand Rapids/Michigan: W.B. Eerdmans, 2004, p. 659-674.

NESTLE-ALAND. *Novum Testamentum Graece*. 28. ed. Stuttgart: Deutsche Bibelgeselschaft, 1914.

NÜTZEL, J. "Μεταμορφόω". In: *Exegetisches Wörterbuch zum Neuen Testament*. Vol. II. Stuttgart/Berlim/Colônia: W. Kohlhammer GmbH, 1981, p. 1.021-1.022.

O'BRIEN, P.T. *The Epistle to the Philippians* - A commentary on the Greek text. Grand Rapids: W.B. Eerdmans, 1991.

ODELAIN, O. & SÉGUINEAU, R. *Dictionaire des Noms Propres de la Bible*. Paris: Cerf, 1978.

PÖHLMANN, W. "Συμμορφιζω". In: *Exegetisches Wörterbuch zum Neuen Testament*. Vol. III. Stuttgart/Berlim/Colônia: W. Kohlhammer GmbH, 1983, p. 688.

ROBERTSON, A.T. *A Short Grammar of the Greek New Testament, for Students Familiar with the Elements of Greek*. Nova York: Hodder & Stoughton, 1908, p. 110-111.

SACCHI, A. et al. *Lettere paoline e altre lettere*. Turim: Elle Di Ci, 1995.

SILVA, M. *Philippians*. 2. ed. Grand Rapids: Baker, 2007.

SPINELLI, M. *Helenização e recriação de sentidos* – A filosofia na época da expansão do cristianismo: séculos II, III e IV. 2. ed. Caxias do Sul: Universidade de Caxias do Sul, 2015.

STAUFFER, Q. "Ἀθλέθω" In: *Theological Dictionary of New Testament*. Vol. 1. Grand Rapids/Michigan: W.B. Eerdmans, 2006, p. 167-168.

THURSTON, B.B. & RYAN, J.M. *Philippians and Philemon*. Collegeville, Min.: Liturgical Press, 2004.

TIEDTKE, E. "Κήνος, κήνωσις". In: *Dicionário Internacional de Teologia do Novo Testamento*. Vol. II. 2. ed. São Paulo: Vida Nova, 2000, § 2.581-2.582.

TURRADO, L. *Biblia comentada* – Vol. VI: Hechos de los Apóstoles y epístolas paulinas. Madrid: BAC, 1965.

VINCENT, M.R. *A critical and exegetical commentary on the Epistles to the Philippians and to Philemon*. Nova York: C. Scribner's Sons, 1897, p. 72.

WITHERINGTON III, B. *The Acts of the Apostles* – A Socio-Rhetorical Comentar. Grand Rapids: W.B. Eerdmans, 1998.

Obras do autor

1. *Frei Luís Maria Liberali*: missionário e sertanista. Porto Alegre: EST, 1983 [coautoria].

2. *A Eucaristia como memorial da Nova Aliança*: continuidade e rupturas. 3. ed. São Paulo: Paulus, 2006 [1. e 2. ed., Porto Alegre: EST, 1994 e 1996; 1. e 2. ed., São Paulo: Paulus, 1997 e 1999].

3. *Cântico dos Cânticos*. São Paulo: Paulinas, 1994.

4. *Atos dos Apóstolos*. São Paulo: Loyola, 1995 [Col. Bíblia Passo a Passo] [2. ed., 2002].

5. *Lucas*. São Paulo: Loyola, 1996 [Col. Bíblia Passo a Passo].

6. *Paulo de Tarso* – Tópicos de antropologia bíblica. 2. ed. Rio de Janeiro: Mazzarolo, 2000.

7. *A Bíblia em suas mãos*. 11. ed. Rio de Janeiro: Mazzarolo, 2019 [traduzido para o espanhol, na Argentina].

8. *Lucas:* a antropologia da salvação. 3. ed. Rio de Janeiro: Mazzarolo, 2013.

9. *O Apocalipse de São João*: esoterismo, profecia ou resistência? Rio de Janeiro: Mazzarolo, 1999 [4. ed., 2016].

10. *Lucas em João* – Uma nova leitura dos evangelhos. 3. ed. Rio de Janeiro: Mazzarolo, 2017.

11. *Cântico dos Cânticos*: uma leitura política do amor. 2. ed. Rio de Janeiro: Mazzarolo, 2015.

12. *Nem aqui nem em Jerusalém* – O Evangelho de João. 2. ed. Rio de Janeiro: Mazzarolo, 2015.

13. *Jó*: amor e ódio vêm do mesmo Deus? 2. ed. Rio de Janeiro: Mazzarolo, 2004.

14. *Gênesis 1–11*: e assim tudo começou... 2. ed. Rio de Janeiro: Mazzarolo, 2013.

15. *Evangelho de Marcos* – Estar ou não com Jesus. 3. ed. Rio de Janeiro: Mazzarolo, 2016.

16. *A Bíblia*: introdução historiográfica e literária. 7. ed. Petrópolis: Vozes, 2019 [coautoria com Carlos F. Schlaepfer e Francisco Orofino].

17. *Evangelho de Mateus*: ouvistes o que foi dito aos antigos...? Eu, porém, vos digo...! Coisas velhas e coisas novas! 2. ed. Rio de Janeiro: Mazzarolo, 2016.

18. *La Biblia em sus manos*. Buenos Aires: Bonum, 2006.

19. *Iniciação teológica*: Antigo Testamento. 7. ed. Rio de Janeiro: Mazzarolo, 2011.

20. *Iniciação teológica*: Novo Testamento. 7. ed. Rio de Janeiro: Mazzarolo, 2011.

21. *Carta de Paulo aos Romanos*: educar para a maturidade e o amor. 2. ed. Rio de Janeiro: Mazzarolo, 2014.

22. *O clamor dos profetas ao Deus da justiça e misericórdia*. Rio de Janeiro: Mazzarolo, 2007.

23. *Evangelho de Judas*: uma farsa anticristã. Rio de Janeiro: Mazzarolo, 2007.

24. *A Primeira Carta de Paulo aos Coríntios*. 3. ed. Rio de Janeiro: Mazzarolo, 2008.

25. *O Apóstolo Paulo*: o grego, o judeu e o cristão. Rio de Janeiro: Mazzarolo, 2008 [2. ed., 2011].

26. MAZZAROLO, I. *Carta de Paulo aos Filipenses*. 2. ed. Rio de Janeiro: Mazzarolo, 2011.

27. *Florilégios da Bíblia* I. Rio de Janeiro: Mazzarolo, 2009.

28. *Florilégios da Bíblia* II. Rio de Janeiro: Mazzarolo, 2009.

29. *As três cartas de São João*. Rio de Janeiro: Mazzarolo, 2010.

30. *Jesus e a física quântica*. São Paulo/Rio de Janeiro: Reflexão/PUC--Rio, 2011 [2. ed., Rio de Janeiro: Mazzarolo, 2013].

31. *Hebreus: o que muda depois de Jesus?* – Do Jesus histórico ao Cristo da fé. Rio de Janeiro: Mazzarolo, 2011.

32. *Filêmon*: a carta da alforria. Rio de Janeiro: Mazzarolo, 2011.

33. *Colossenses*: exegese e comentário. Rio de Janeiro: Mazzarolo, 2012.

34. *Segunda Carta de Paulo aos Coríntios*: exegese e comentário. Rio de Janeiro: Mazzarolo, 2012.

35. *Carta de Paulo aos Gálatas*: da libertação da lei à filiação em Jesus Cristo. Rio de Janeiro: Mazzarolo, 2013.

36. *Carta aos Efésios*: Cristo é a Pedra angular. Rio de Janeiro: Mazzarolo, 2013.

37. *Primeira e Segunda Carta a Timóteo e Tito*. Rio de Janeiro: Mazzarolo, 2014.

38. *Atos dos Apóstolos ou evangelho do Espírito Santo*. Rio de Janeiro: Mazzarolo, 2014.

39. *Primeira e Segunda Carta de Pedro*. Rio de Janeiro: Mazzarolo, 2015.

40. *Cartas de Tiago e Judas*: exegese e comentário. Rio de Janeiro: Mazzarolo, 2016.

41. *Primeira e Segunda Carta aos Tessalonicenses*. Rio de Janeiro: Mazzarolo, 2016.

42. *Lucas, evangelho da graça e da misericórdia*. São Paulo: Loyola, 2016 [coautoria com Johan Konings].

43. *Atos dos Apóstolos: o caminho da Palavra* – Comentário e paráfrase. São Paulo: Loyola, 2017 [coautoria com Johan Konings].

44. *O Parthenon de sandálias*: 150 anos de cultura e caminho. Porto Alegre: EST, 2018 [coautoria com Antônio Frizon].

45. *O que é o pecado?* – Pecado original, individual, social, mortal, pecado contra o Espírito Santo, pecados capitais... São Paulo: Paulus, 2019.

46. *Paulo e as teorias da física quântica*. Curitiba: Apris, 2019.

47. *A Bíblia: elementos historiográficos e literários*. 7. ed. Petrópolis: Vozes, 2019 [coedição com Carlos Schlaepfer e Francisco Orofino].

48. *Genealogia e história da Família Mazzarolo*. Porto Alegre: EST, 2019.